멋지게 나이 드는 법 46

Copyright ⓒ 2000 Dottie Billington, Ph, D
Published in 2009 under license from Lowell Leigh Books

이 책의 한국어판 저작권은 PubHub 에이전시를 통한 저작권자와의 독점 계약으로
도서출판 작은씨앗에 있습니다. 저작권법에 의해 한국 내에서 보호를 받는 저작물이므로
무단 전재와 무단 복제를 금합니다.

멋지게 나이 드는 법 46

도티 빌링턴 지음 | 윤경미 옮김

초판 1쇄 발행 | 2009년 11월 7일
초판 5쇄 발행 | 2010년 5월 8일

발행처 | 도서출판 작은씨앗
공급처 | 도서출판 보보스
발행인 | 김경용

등록번호 | 제 300-2004-187호   등록일자 | 2003년 6월 24일

서울시 서초구 서초동 1355-17 서초대우디오빌 1008호
전화 02 333 3773   팩스 02 735 3779
이메일 | ky5275@hanmail.net

ISBN 978-89-6423-101-2 13840

잘못된 책은 구입하신 서점에서 바꾸어 드립니다.

멋지게 나이 드는 법 46

LIFE IS AN ATTITUDE:
How to Grow Forever Better

도티 빌링턴 지음 | 윤경미 옮김

들어가며

인생의 여정을 즐기길

누구나 이런 감정을 느껴 본 적이 있을 것이다. 우리가 뭔가를 배우고 경험함으로써 우리의 인생이 변화했다고 느껴지고, 이런 감정을 다른 사람들과 공유하고 싶다는 그런 느낌 말이다. 이 책을 쓴 목적은 인생에서 늘 성장하고, 보다 충실한 삶을 사는 방법에 대한 흥미로운 연구 자료를 독자 여러분들과 공유하기 위해서이다.

모든 것은 내가 마흔 살 되던 해에 시작되었다. 그 당시 아이들은 내게서 독립하려 하고 있었고 나는 새로운 도전을 시도할 준비가 되어 있었다. 그래서 나는 열정적인 내 일터로 돌아갔다. 갓 태어난 새끼 독수리가 날개를 펴고 날아오르기까지 시간이 걸리듯 나도 처음에는 머뭇거렸고 두렵기도 했다. 나는 내 앞에 펼쳐진 새로운 세상을 조심스럽게 기웃거렸고 마침내 그 일을 향해 날아올랐다.

나는 내 일을 무척이나 사랑했기에 일에서 성공했다. 하지만 나는 곧 일 자체보다는 내 고객들의 멋진 면을 찾는 일에 더 관심을 갖게 되었다. 내가 궁금했던 것은 똑같이 밝고 선량한 사람들인데도 인생과 삶의 도전 과제를 받아들이는 태도는 어떻게 그토록 다른가 하는 점이었다.

어떤 이들은 인생을 매우 효과적으로 관리하며 살고 있었다. 이들은 올바른 선택을 하고 대인관계도 좋았다. 또한 개방적이고 늘 배우고 성장하며 즐거운 삶을 살고 있는 동시에 활기차고 열정적이며 모든 일에 흥미를 갖고 있었다.

반면 똑같이 좋은 사람들인데도 어떤 이들은 인생을 그다지 잘 살고 있지 못했다. 이들의 인생은 어딘지 막혀 있고 곤경에 빠져 있는 것 같았다.

나는 열정적인 삶을 사는 사람들의 비결을 꼭 밝혀내고 싶었다. 어떻게 그들은 그 길을 택했으며 나이에 상관없이 그토록 멋진 인생을 살고 있는 걸까?

수년간 나는 이들을 관찰하고 경탄하며 이들을 이해하려고 애썼다. 쉰 살이 되었을 때 나는 이 일에 너무나 열중한 나머지 대학원에 입학하여 심리학의 새로운 분야인 성인 발달 adult development에 관한 공부를 하기로 마음먹었다. 수십 년 전까지만 해도 심리학자들은 오직 어린이들만이 성장하며, 인간은 스무 살쯤 되면 거의 모든 성장을 끝내고 남은 생애 동안 계속 같은 상태로 남아 있다고 믿어왔다.

석사 학위를 딴 후에도 나는 내가 이 도전적인 학문을 속속들이 파헤치지 못한 채, 수박 겉핥기만 했다고 느껴졌다. 그래서 나는 다시 박사 학위를 따기 위해 노력했다. 이후 7년 동안 나는 똑똑하고, 탐구정신으로 무장한 교수 및 동료들과 긴밀하게 연구하고 조사하며 배움의 세계에 푹 빠져들었다. 이 시기는 내 인생에서 가장 흥분되고 즐거운 시기였다. 나는 내가 진심으로 원하던 길을 찾아낸 것이다!

어떤 성인들은 평생 동안 성장을 해 나가는 반면, 어째서 다른 성인들은 그렇지 못한가에 대한 사전 연구가 거의 없었기 때문에 나는 이 문제를 내 연구의 주제로 삼았다. 독자들은 이 책에서 내가 찾은 자료들과 다른 연구자들의 최신 자료를 접할 수 있을 것이다. 나는 늘 성장하는 성인들의 비결을 배우기 위해 중년의 나이에도 대단히 활력적이며 늘 성장하는 사람이라고 인정받는 사람들을 면담했다. 이들은 모두 비범한 성격의 소유자들이었으며, 삶의 도전과 문제들을 다루는 방식에 공통점이 있었다. 이들의 비결과 태도는 우리 모두의 인생에 적용할 수 있을 만한 것들이었다. 사생활 보호를 위해 이름을 바꾸긴 했지만, 이 책에 나온 이야기는 모두 실제 내가 만난 사람들의 이야기이다.

이 책은 46개의 짧은 장章으로 구성되어 있다. 각 장에는 독자들이 생각할 수 있고, 또 실생활에 적용해 볼 수 있는 방법과 아이디어가 제시되어 있다. 독자들은 이 책을 처음부터 끝까지 한 번 읽어 본 후 특별히 공명을 불러일으키는 대목을 다시 읽어 보면 된다. 아니면 가장 끌리는 부분을 골라서 그 부분부터 읽어도 좋다. 어떻게 읽든 자신에게 가장 맞는 방식을 택하면 된다.

나는 이 책을 쓰면서 내 생각을 독자들에게 명확하게 전달하기 위해 최대한 노력했다. 나는 내 생각들을 끊임없이 정리하고 검토에 검토를 거듭했다. 이러한 과정을 통해 나는 성장이란 종착지가 없는 끝없는 여정이라는 사실을 다시 한 번 실감했다. 왜냐하면 우리는 모두 불완전한 인간이기 때문이다.

독자들은 이미 본능적으로 이 책에 나온 내용들을 어느 정도는 숙지하고 있을 것이다. 하지만 이 책을 통해 자신이 알고 있는 내용을 다시 한 번 되새김질하고 또한 새로운 방식으로 생각할 수 있게 될 것이다. 이 책을 거울삼아 독자 여러분이 추구하는 삶을 살고 또 자신이 꿈꾸는 사람이 되기 위한 계획을 세워 보아라. 그리고 부디 여러분 앞에 펼쳐진 인생의 여정을 진심으로 즐기길 바란다!

차례　　　　들어가며　　　　　　　　　　　　　　　4

PART 01　인생은 지금부터다

01　우리의 황금기는 아직 오지 않았다　　15
02　성장할 것인가 멈출 것인가　　　　　　20
03　우리 안에 잠든 힘을 깨워라　　　　　　26

PART 02　최고의 모습 찾기

04　마음의 문을 열어라　　　　　　31
05　인생을 즐겨라!　　　　　　　　35
06　스스로에게 관대하라　　　　　　38
07　인생의 목표를 찾아라　　　　　　41
08　스스로의 미래를 만들어라　　　　45
09　열정을 발견하라　　　　　　　　50
10　긍정이 최선이다　　　　　　　　54
11　마법의 순간을 느껴보라　　　　　58
12　기쁨의 자취를 남겨라　　　　　　61
13　베풀어라　　　　　　　　　　　　64
14　오늘부터 시작하라　　　　　　　70

PART 03　이기는 태도

15　행복은 마음먹기에 달려 있다　　75
16　마음 깊이 너그러워져라　　　　　78
17　아이들을 놓아 주어라　　　　　　82

18 매력을 발산하라 85
19 받아들이는 태도를 결정하라 89
20 자신만의 길을 걸어라 93
21 흐름에 몸을 맡겨라 97

PART 04 성장하는 습관

22 마음챙김 105
23 내면의 소리에 귀를 기울여라 108
24 거리를 두어라 111
25 창의성을 펼쳐라 115
26 웃음의 힘 122
27 부드럽게 주장하라 126
28 자기 자신을 주머니 속에 넣어 두어라 131

PART 05 건강이 곧 재산이다

29 문제를 마사지해라 139
30 명상하라 142
31 몸을 움직여라 146
32 날씬한 기분을 맛보아라 152

PART 06 성장을 위한 발걸음

33 미래의 모습을 그려라 165
34 모험 없이는 성장도 없다 170
35 두뇌를 성장시켜라 175

	36 배움은 곧 성장이요,	
	성장이 곧 배움이다	179
	37 보조를 맞추어라	187

PART 07 소통의 기술

38 경청하라	193
39 공감의 힘	197
40 비판을 선물로 받아들여라	202
41 최선의 소통은 대화이다	206

PART 08 사랑하는 사람들

42 최초의 3분	213
43 로맨스를 가꾸어라	216
44 혼자가 되는 걸 두려워 마라	226
45 진정한 친구는 우리에게 힘을 준다	235

PART 09 마지막으로…

46 나는 성장하고 있는가?	241

PART 01

인생은
지금부터다

Your
Time is
Now

01
우리의 황금기는 아직 오지 않았다
Your Best Is Yet to Be

우리의 능력은 깨어나고자 안간힘을 쓰고 있다.
― 아브라함 매슬로우

어느 추운 겨울날 아침, 나는 내 친구 케이티와 나란히 길을 걷고 있었다. 그러던 중, 케이티가 갑자기 당혹스런 표정을 짓고는 내게 이렇게 고백했다.

"난 이따금씩 앞날이 두렵고 내가 제대로 가고 있는 건지 모르겠어. 난 주변 사람들이 나이를 먹으면서 속이 좁아지고 부정적이 되고, 삶에 의욕도 없고 지루한 삶을 사는 경우를 너무 많이 봤거든. 이 사람들은 마치 꽉 막혀버린 것만 같았어. 나도 나이가 들면 그렇게 되지 말란 법이 어디 있겠니?"

나는 이 말을 듣고 매우 놀랐다. 내가 아는 케이티는 헝클어진 곱슬머리를 한 서른일곱 살의 매우 활발하고 매력적인 여인이었다. 그녀는 늘 열정이 넘쳐흘렀고 흥미로운 직업과 멋진 친구들, 화목한 가정까지 세상 모든 걸 다 가진 듯 보였다. 이런 사람이 미래를 두려워한다고? 바로 이 순간 퍼뜩 이 책을 써야겠다는 생각이 들었다.

문제는 바로 우리가 젊음에 과도하게 집착하고 있다는 것이었다. 우리는 늙어가는 걸 두려워한 나머지 발을 구르고 비명을 지르며 중년의 삶을 받아들이길 거부하고 있는 것이다. 이대로 가다간 결국 우리는 나이가 주는 깨달음, 즉 젊은 시절에는 깨닫지 못한 인생의 경험과 삶의 지혜조차 잃어버리게 될지도 모른다. 해마다 꽃은 피는 법이다.

무엇보다도 중요한 것은 우리가 어렸을 때부터 갖고 있던 인생에 대한 인식이 바뀌었다는 사실이다. 우리는 마흔이나 예순이 늙은 나이라고 생각하는 대신, 여든이 되고 심지어 아흔이 되어서까지도 자신감 있고 멋진 삶을 기대할 수 있게 되었다. 우리가 긍정적인 태도와 건강한 라이프스타일을 가꾸어 나간다면 얼마든지 가능한 이야기이다.(바로 이 두 가지가 우리의 유전자보다 훨씬 더 중요하다!)

20세기로 들어서면서 우리의 기대수명은 과거 어느 때보다 길어졌다. 즉 우리는 시간이라는 소중한 선물을 받은 셈이다.

그렇기에 지금 나이가 몇 살이든 간에(스무 살이건 여든 살이건 상관없다) 자신이 가진 모든 능력을 최대한 발휘해라! 우리 내면에는 우리가 상상도 못할 거대한 잠재력이 숨어 있어서 그 힘이 발휘되기만을 기다리고 있다. 앞으로 우리는 새롭게 변화하고, 의미와 목적이 있는 삶을 살 수 있으며 모든 면에서 성장할 수 있다. 우리의 마음은 보다 성숙해지고 지혜로워질 것이다.(물론 지혜를 얻는 데는 시간이 걸린다. 서른 살에 도를 깨친 사람이 얼마나 되겠는가?) 또한 우리의 인간관계는 더 깊어지고, 재능과 능력, 자신을 대하는 태도에서도 보다 성숙해질 것이다. 심지어는 육체적으로도 더 건강해질 수 있다.

그러면 우리는 더 큰 행복을 누릴 수 있다. 다양한 조사에 따르면 우리는 나이가 들면 들수록 인생에서 더 많은 즐거움을 발견할 수 있다고 한다. 심지어는 80대가 되고, 그보다 더 나이를 먹어도 말이다. 즉 우리는 남은 인생을 과거 어느 때보다 더 멋지게 살 수 있다는 것이다. 이 책을 쓴 이유는 바로 독자 여러분이 그렇게 살 수 있도록 도와주기 위해서이다.

이렇게 시작하라

나이가 들어서도 늘 새롭게 변화하고 정신적으로 열려 있으며 활기찬 인생을 살고 있어서 모방하고 싶은 사람을 찾아 인생의 거울로 삼아라. 기업가이자 투자자인 워렌 버핏 Warren Buffett은 누구를 거울로 삼느냐에 따라 인생이 완전히 달라질 수 있다고 말했다. 왜냐하면 우리는 자신이 존경하는 사람들의 자질, 즉 이들의 습관과 태도를 배울 수 있기 때문이다. 동시에 우리는 우리가 존경하지 않는 사람들의 습관과 태도를 취하지 않을 수도 있다.

우리는 직접 알고 있는 사람들을 거울로 삼을 수도 있고, 과거나 현재에 잘 알려진 명사들이나 책, 방송 등을 통해 알게 된 인물들 중에서 찾을 수도 있다.

자신의 미래 모습을 설계하라

1. 두꺼운 노트나 다이어리를 준비해라. 지금 해볼 내용이나 앞으로 나올 장章에서 다뤄질 과제들을 직접 적어 보는 일은 자신의 생각과 번득이는 아이디어를 떠올리는 과정에 큰 도움이 된다.

2. 지금으로부터 십 년 후의 이상적인 자신의 모습을 상세하게 적어 보자. 미래의 자신은 스스로에 대해 어떻게 느끼는지, 인간관계는 어떤지, 인생을 어떻게 살고, 어떤 사랑을 하는지, 그리고 어떻게 웃고, 즐기며, 배우고, 일하는지, 또한 세상에 어떻게 기여하는지 등에 대해 최대한 자세하게 적어 보아라.

3. 앞에서 쓴 내용을 다시 읽어 보아라. 원한다면 내용을 덧붙이거나 수정해도 좋다.(앞으로 이 책을 읽는 동안 덧붙이고 싶은 내용들이 떠오를 것이다.)

4. 마지막으로 자신이 앞에서 그린 모습으로 살 수 없는 이유가 한

가지라도 있다면 적어 보아라.

케이티를 포함하여 우리 모두는 깨어나려고 발버둥치는 거대한 힘과 능력을 갖고 있다. 우리에게는 상상을 뛰어넘는 거대한 잠재력이 있어서 그 힘을 통해 성장하고 인생의 기쁨을 누릴 수 있다. 이 책을 통해 자신 안에 잠든 거대하고 고유한 힘을 발견할 수 있길 바란다.

> 꿈꾸어라. 그리하면 이룰 것이다.
> 상상하라. 그리하면 얻을 것이다.

02
성장할 것인가 멈출 것인가
To Grow or Not to Grow

꽃봉오리 속에서 꽉 움츠린 채로 그날을 맞는 것은
있는 힘껏 꽃을 피워내는 것보다 훨씬 더 고통스러우리니.
— 아네스 닌

우리는 성장할 뿐 늙지 않는다.
하지만 성장을 멈춘다면 비로소 늙게 된다.
— 랠프 월도 에머슨

2,000년 전 눈 내리는 추운 겨울날 아침, 숲을 거닐고 있던 노자老子는 주위에서 요란한 소리를 듣고 화들짝 놀랐다. 어떤 연유인고 하여 올려다보았더니 굵고 튼튼한 가지들 위에 눈이 수북이 쌓여 있었다. 이 가지들은 처음에는 점차 무거워지는 눈의 무게를 구부러짐 없이 지탱하고 있었지만 마침내는 그 무게를 감당하지 못하고 요란한 소리를 내며 부러져 버렸다. 반면 이보다 가늘고 작은 가지들은 눈이 쌓임에 따라 자연스레 휘어져 눈을 아래로 떨어뜨린 후에 다시

원래대로 튀어 올라 본모습을 유지하는 것이었다.

"아하, 그렇구나. 형태를 구부러뜨림으로써 변화하는 것이 버티고 저항하는 것보다 훨씬 더 나은 이치로구나!"

이것이 바로 노자가 얻은 깨우침이었다.

우리는 왜 성장해야 할까? 변화에 저항하고 버티는 것은 결국 우리 자신에게 해가 될 뿐이기 때문이다. 저명한 심리학자인 아브라함 매슬로우Abraham Maslow는 이렇게 말했다.

"우리가 가진 능력은 쓰여지기 위해 아우성치고 있다. 우리가 자신의 능력을 최대한 발휘할 때만 이러한 내면의 아우성을 잠재울 수 있다. 즉 능력 역시 욕구의 하나이다."

중요한 것은 현재의 우리 모습이 아니라 우리가 어떤 방향으로 움직이느냐 하는 것이다. 잠시 생각해 보자. 세상 만물은 끊임없이 변화하고 있다. 거대한 산맥도 결국에는 닳아 없어지고, 대륙들은 조금씩 서로 멀어지고 있으며 한 세대가 가면 다음 세대가 온다. 지금 이 순간 우리가 살아 있는 것도 우리 몸속의 낡은 세포들이 새로운 세포들로 대체되기 때문이다. 지금으로부터 7년이 지나면 우리 몸속에 있는 분자들은 하나도 남김없이 새것으로 교체될 것이다. 또한 우리의 몸과 마음은 시시각각 변화하고 있다. 즉 우리는 단 한순간도 고정적인 모습으로 존재할 수 없다.

우리가 변화를 기꺼이 받아들이고 삶의 자연스러운 흐름에 몸을 맡길 때 우리는 비로소 더 나은 존재가 될 수 있다. 고대 그리스의 철학자 헤라클레이토스는 이렇게 말했다.

"세상 만물은 늘 변화하며 고정적인 것은 아무것도 없다. 우리는 같은 강에 두 번 몸을 담글 수 없다."

성장하기로 마음먹는 것은 너무나 당연하고 쉬운 듯이 보인다. 하지만 성장하는 것은 모든 이들에게 생각만큼 쉬운 일은 아니다. 우리 주변에는 끊임없이 배우려는 자세를 가진 사람들이 있다. 이들은 늘 유쾌하고 활기에 넘치고 열정으로 가득하며 무슨 일에든 흥미를 느끼며 산다. 반면 변화를 두려워하고 단지 익숙하다는 이유만으로 낡은 생각과 행동의 틀 안에 갇혀 있는 사람들도 쉽게 찾을 수 있다. 이들은 "난 변하고 싶지 않아. 그냥 원래 그랬던 것처럼 이대로 있을래." 라고 말하며 모든 변화를 완강하게 거부한다. 하지만 시시각각 변화하는 세상 속에서 자신만 그대로 머무르길 고집한다면 곧 혼자만 저만치 뒤에 남겨질 뿐이다.

변화를 거부하며 늘 제자리에 머무르려고만 하는 인생은 좁디좁은 한 갈래 길을 따라 하염없이 터벅터벅 걸어가는 것과 같다. 그러다 보면 길은 점점 좁고 깊어져 결국 깊숙한 틈 속에 갇혀 바깥세상을 볼 수조차 없게 된다. 이렇게 될 때 이 사람은 세상과 완전히 단절되어 버리는 것이다.

반면 성장이란 산을 오르는 것과 같다. 나무들로 빽빽한 산 아랫자락의 숲길을 걸을 때는 오직 눈앞의 오솔길을 따라 줄지어 선 나무들과 자그마한 개울이나 폭포만이 간간이 보일 뿐 전체적인 것은 보이지 않는다. 하지만 조금 더 높이 올라가면 나무들이 듬성듬성해지고 아래에 펼쳐진 골짜기를 희끄무레하게 볼 수 있다. 조금 더 위로 올라가면 시야가 180도로 넓어져 아래의 구릉진 언덕과 골짜기, 멀리 있는 산들까지도 볼 수 있게 된다. 그리고 마침내 나무들 위로 우뚝 솟은 산꼭대기에 오르면 앞뒤 좌우할 것 없이 온전한 경치가 펼쳐진다. 한쪽 방향에서는 사막을, 다른 방향에서는 산맥을, 또 다른 방향에서는 바다를 볼 수 있게 되는 것이다.

그리고 그제서야 우리는 비로소 커다란 관련성을 깨닫게 된다. 즉 개울은 폭포의 원천이며, 산맥들이 비를 가로막았다는 것을 알 수 있다. 그래서 한쪽 방향에서는 울창한 숲을 보고, 다른 방향에서는 사막을 볼 수 있었던 것이다.

성장한다는 것은 단순한 생각에서 복잡한 생각으로 나아가는 것을 말한다. 미성숙한 사람들은 사물을 개별적으로 본다. 즉 여기에 나무 몇 그루, 저기에 개울 하나, 이런 식으로 말이다. 하지만 우리가 보다 성숙한 단계에 오르게 되면 비로소 전체적인 그림을 볼 수 있게 되고 복잡한 상호관계를 더 잘 이해할 수 있게 된다. 그리고 이것이 바로 성숙한 사고의 기초가 된다.

많은 이들이 산꼭대기에 오르는 것 자체를 거부한다. 산에 오르는 일은 힘들고 위험한데다 귀찮기 때문이다. 하지만 노력할 가치는 충분히 있다. 산을 한 걸음씩 오를 때마다 펼쳐지는 새로운 풍경은 우리를 들뜨게 하고, 세상을 더 잘 이해하게 해 주며 우리를 더 지혜롭게 만들어주기 때문이다.

　인생의 여정에 끝은 없다. 늘 배워야 할 것이 있을 뿐이다. 우리는 살아 숨 쉬는 한 끊임없이 성장할 수 있으며 우리 안에 숨겨진 비범한 재능과 힘, 그리고 마법을 발견할 수 있다. 성장은 종착점이 아니라 여정이다. 나는 칼릴 지브란Kahlil Gibran의 이 말을 사랑한다.

　"무수한 연꽃잎들이 저절로 펼쳐지듯이 우리의 정신도 저절로 열리게 됩니다."

　조사에 따르면 성장하는 성인들은 다음과 같은 삶의 태도를 갖는다.

- 활기차고 활동적이며 인생을 적극적으로 살며,
- 모든 일에 흥미를 느끼는 유쾌한 사람이며,
- 육체적, 정신적으로 더 건강한 삶을 즐기고,
- 너그럽고 융통성이 있으며,
- 매력이 넘치며,
- 더 창조적이고,
- 더 활발하고 만족스러운 인간관계를 맺으며,
- 남들이 보기에 감흥이 없는 것일지라도 마치 아이처럼 경탄하고, 즐기고, 놀라고, 흥분하며 인생의 소박한 것들에서 의미를 찾는다.

자, 그럼 성장하기 위해서는 어떤 일부터 해야 할까? 우선은 첫걸음을 내딛기만 하면 된다. 그러면 놀라운 일이 일어날 것이다. 변화에는 저절로 움직이는 힘이 있어서 아주 작은 변화일지라도 또 다른 변화를 불러올 수 있다. 일단 성장하겠다고 결심하고 이 책에 있는 내용 중 한 가지만이라도 실제로 적용해 보아라. 그러면 성장이 매우 들뜨고 만족스럽다는 걸 알게 되고 곧 여기에 몰입하게 될 것이다!

> 우리 중 완전한 사람은 아무도 없다.
> 우리는 모두 부족하기에
> 성장할 수 있는 잠재력이 있다.
> 우리에게 숨겨진 힘을 발휘하지 못한다면
> 이는 실로 괴롭고 고통스러운 일이다.
> 그리고 바로 이때 통렬한 공허함과 갈망, 좌절,
> 그리고 분노가 그 자리를 대신한다.
> ─ E.T 홀, 인류학자

03

우리 안에 잠든 힘을 깨워라
The Power of You

*진정한 자유는 자기가 하고 싶은 대로 하는 것이 아니라
자기 자신을 완전히 아는 것이다.*

― 작자 미상

리치는 내가 다니는 대학원의 교수였다. 그는 아주 멋진 사람이었지만 몸매나 건강에는 전혀 관심이 없었다. 마흔세 살이 되던 해, 그는 문득 자신이 늙었다는 생각이 들었다. 아들과 함께 브루스 리 영화를 보러간 그는 영화를 보던 중 갑자기 이렇게 중얼거렸다.

"브루스 리는 나이에 비해서 저렇게 몸이 좋은데 나라고 저렇게 되지 못하리라는 법이 어디 있겠어?"

이후 그는 운동을 시작했다. 달리기와 장거리 자전거를 타며 운동한 결과 그는 날씬해졌다. 나중에 그는 이렇게 고백했다.

"몸매가 좋아지니 자신감도 생기고 스스로가 멋져 보이더군요. 이젠 뭐든지 할 수 있을 것 같아요."

리치의 경우처럼 우리는 나이를 먹어서도 육체적으로 건강해질 수 있으며 육체적으로 뿐만 아니라 모든 방면에서 더 나아질 수 있다. 우리가 어떤 사람이 될지는 전적으로 우리 자신의 몫이다. 오래된 나쁜 습관을 바람직하고 새로운 습관으로 바꿀 수 있는 사람도, 미래의 자신의 모습을 창조하는 사람도 오직 우리 자신뿐이다. 너무나 단순한 말이지만 곰곰이 생각해 보면 참으로 옳은 말이 아닌가?

심리학에서는, 생기 있고 활기찬 사람들은 외적 통제위external locus of control 대신 내적 통제위internal locus of control를 갖고 있다고 한다. 이 말은 자신이 처한 문제에 대해 다른 사람이나 세상을 원망하는 것이 아니라 어떤 상황에 처해있건 간에 스스로 삶의 방향을 결정할 수 있는 힘이 자신의 내부에 존재한다고 믿는 것이다. 이것이 바로 우리 안에 잠든 힘이다.

우리가 성장하고자 마음먹고 더 유쾌한 사람이 되고 또 세상에 흥미를 가지기로 굳게 결심했다면 자기 자신 말고 누가 우리를 가로막을 수 있겠는가? 우리가 할 일은 오직 하나, 바로 스스로가 기꺼이 성장하기 위해 노력하고 또 실행하는 것이다.

이렇게 시작하라

1. 다이어리를 무릎 위에 두고 조용히 앉아 자기 자신에게 다음과 같은 질문을 해 보자.

"내 삶에서 어떤 부분을 다스리고 싶은가?"
자신의 정신적, 육체적, 그리고 감정적인 부분도 생각해 보고, 친구나 배우자, 가족과의 관계, 일이나 그밖에 인생에서 중요하다고 생각되는 것들을 모두 고려해 보아라. 브레인스토밍을 적용하여 생각이 떠오를 때마다 적어 보아라.(브레인스토밍에 관해서는 25장을 참조하라.)

2. 앞에서 적은 내용을 바탕으로 바람직한 미래 모습을 위한 가장 실현가능성이 높고 긍정적인 시나리오를 가능한 상세하게 작성하라.

3. 2번에서 적었던 가장 긍정적인 시나리오를 실현하기 위해 자신이 할 수 있는 일을 모두 적어 보아라.

4. 그 길을 따라 시작하라.

요점은 우리 인생의 주인은 바로 우리 자신이라는 것이다. 리치가 더 날씬해지는 걸 선택했듯이, 우리도 자신의 인생을 다스리며 사는 삶을 선택할 수 있다.

PART 02

최고의 모습 찾기

Discover Your Best Self

04
마음의 문을 열어라
Openness

안다고 생각하는 자는 모르고 있는 것이다.
모른다고 생각하는 사람이 진실로 아는 자이다.
— 조셉 캠벨

괴테는 이렇게 말했다.

"인간은 자신이 이해하지 못하는 것은 경멸한다."

맞는 말이다. 우리에게는 세상에 대한 자신만의 관점을 유지하려는 본성이 있기 때문에 새로운 사상이나 생각을 거부하는 경향이 있다. 우리는 안전하고 익숙한 생각들로 가득 찬 상자 속에 기어들어가 우리의 관점을 뒤엎어버리는 새로운 생각들이 들어오지 못하도록 뚜껑을 꽉 닫으려 안간힘을 쓰며 이렇게 말하곤 한다.

"다른 사람들이 하는 말은 다 뜬구름 잡는 이야기야. 내 생각이 진짜라구."

절대적 진실이라고 알려졌던 20세기 초의 과학 이론의 대부분은 오늘날 거짓이거나 불완전한 것으로 판명되었다. 다시 말하면 인생에서 절대적인 것은 거의 없다고 해도 과언이 아니다.

게다가 역사적으로 위대한 과학적 발견들은 대부분 처음에는 거센 저항을 받았다. 루이 파스퇴르가 세균을 발견했을 때도 그랬다. 파스퇴르가 극히 작아서 눈에 보이지 않는 유기체들이 치사율이 높은 전염병을 일으킨다고 주장했을 때 당시 사람들은 그를 헐뜯고 조롱했다. 동료 과학자들과 대중들은 그를 저능아 취급했다. 당시에는 누구도 작고 하잘것없는 미생물이 거대한 인간의 몸에 그토록 치명적인 영향을 줄 수 있다고 상상하지 못했던 것이다.

1982년에 내 남편 빌은 내게 컴퓨터를 한 대 사는 것이 어떻겠냐고 제안했다. 빌은 컴퓨터가 우리 둘 다에게 유용할 거라고 말했다. 처음에 나는 컴퓨터 역시 얼마 지나지 않아 차고 세일로 팔아넘길 쓸데없는 가전제품 중 하나가 될 거라고 생각하고 빌의 제안에 귀를 기울이지 않았다. 하지만 컴퓨터를 산 지 얼마 지나지 않아 나는 내 몫의 컴퓨터를 따로 하나 더 갖고 싶었다!

주변 사람들을 떠올려 보자. 우리 주위에는 새로운 생각들에 마음을 굳게 잠그고 사는 사람도 있고, 호기심과 흥미로 가득 차 마음을 활짝 열어두고 있는 사람들도 있을 것이다. 자, 그럼 여기서 늘 성장하고 활기찬 사람들과 꽉 막혀 있는 사람들의 리스트를 마음속으로 정리해 보아라.

> 이 세상 누구도 독선적인 동시에 지혜로울 수는 없다.
> ─폴 발레스

마음을 여는 일은 성장하는 데 꼭 필요한 요소이다. 이는 아주 단순한 진리이다. 성장하기 위해서는 마음을 활짝 열고 새롭고 효과적인 사고방식과 행동방식, 그리고 존재방식을 배워야 한다.

선禪 사상에서 전해 내려오는 이야기가 있다. 역사에서부터 수학에 이르기까지 모든 분야에서 뛰어나다고 자신하는 한 교수가 있었다. 그는 자신이 선에 대해서는 무지하다는 걸 깨닫고 선에 대해 공부하기로 했다. 어느 날 그 교수는 마을 외곽의 초라한 오두막에 살고 있는 선사禪師인 난인Nan-in이라는 사람을 찾아갔다. 난인은 그를 집안에 들인 후 차를 대접했다. 난인은 교수의 찻잔을 가득 채운 이후에도 차가 흘러넘치도록 계속 차를 따랐다. 차는 탁자 위를 적시고 마침내는 바닥에까지 뚝뚝 떨어졌다. 교수는 어이없다는 눈으로 선사를 바라보다 마침내 참지 못하고 이렇게 외쳤다.

"잔이 이미 다 차지 않았습니까! 더 이상 차가 들어갈 공간이 없습니다!"

"바로 그렇습니다!" 난인 선사가 말했다. "당신의 마음도 이 잔과 같습니다. 당신의 생각과 견해로 가득 차서 내가 선에 대해 가르쳐 본들 당신 마음속에는 이를 받아들일 공간이 없습니다."

나는 늘 활력이 넘치고 성장하는 사람들을 만나 본 결과 이들이 호기심으로 충만하고 아이처럼 쉽게 흥분하고, 즐거워하며 경이로움에 가득 차 있다는 걸 알게 되었다. 그들의 마음속 안테나는 끊임없이 빙글빙글 돌며 주위의 이야기를 듣고 탐색하며, 인생의 새로운 비밀들을 발견해 가고 있었다. 리치 교수는 이렇게 말했다.

"나는 위대한 사상가들의 글을 많이 읽었습니다. 그들은 모두 진리를 구하기 위해서 기를 쓰고 노력했지만 결국 어느 누구도 답을 찾지는 못했습니다. 그러니 진리란 답을 찾아가는 여정이지요."

이렇게 생각하는 사람들은 늙지 않는다. 이들은 살아 숨 쉬는 동안 늘 배우고 성장하기 때문이다.

마음의 문을 여는 비결은 다음과 같다.
- 새로운 생각을 접했을 때 이를 받아들이는 태도에 신경 써라. 당신은 새로운 생각에 개방적이며 호기심을 느끼는가? 아니면 새로운 생각들이 기존에 알고 있던 것과 다르고 익숙지 않다는 이유로 저항감을 느끼는가?
- 어떤 말을 듣고 자신도 모르게 거부감이 들 때, 거부의 신호를 잠시 접어두고 자신의 마음을 분석해 보아라. 대개 짜증이 난다는 것은 저항의 신호이다.
- 대부분의 사람들이 새로운 생각을 처음 접했을 때는 어처구니없는 것으로 받아들인다는 사실을 기억해라.

05
인생을 즐겨라!
Ya Gotta Be Juicy!

인간은 실수를 하지만
그 덕분에 신적인 존재가 될 수 있다.
— 메이 웨스트

백조는 죽기 전에 노래를 부르는데
이는 나쁜 것이 아니라네.
어떤 이들은 노래조차 부르지 못하고
죽음을 맞이한다네.
— 사무엘 테일러 콜리지

바쁜 하루 일과 중 순전히 즐거움을 느끼기 위해 짬을 내는 시간이 얼마나 되는가? 신선한 풀내음을 맡거나 기쁨에 겨워 머리를 뒤로 젖히며 큰 소리로 깔깔 웃어대는 시간은 얼마나 되는가? 대부분의 사람들은 그런 시간을 거의 내지 못하며 살고 있을 것이다.

어린 시절부터 우리 내면의 목소리는 끊임없이 이렇게 말한다. 열심히 일을 해서 뭔가를 성취해라, 착한 사람이 되어라, 이걸 하면 안 되고, 저것도 안 된다…. 내 머릿속 어딘가에서도 이렇게 말하는 엄마의 목소리가 들린다.

"여자답지 못하게 행동하면 어떡하니! 슐츠 아주머니를 본받으렴."

이웃에 살던 슐츠 아주머니는 매사에 너무나 단정하고 예의바른 분이였다. 하지만 내 기억 속의 슐츠 아주머니는 그다지 인생을 즐기시는 분은 아니었다.

인생에 연습이란 없다. 한번 살다 가면 그만이다. 우리는 과거로 거슬러갈 수도 없고, 인생을 한 번 더 살 수도 없다. 인생이 끝나면 그걸로 끝이다. 영원히 말이다! 그러니 지금 이 순간을 완전히 살지 않는다면 언제 또 그렇게 해보겠는가?

인생을 맘껏 즐겨라! 인생을 맛보고 열렬히 즐기고 매순간을 음미하고 인생에서 소중한 모든 순간을 축복하고 누려라! 타오르는 일몰의 순간을 보고, 새봄의 여명 무렵에 느끼는 신선한 향기를 맡고, 우리 주변에서 들을 수 있는 다양한 소리를 음미하고, 감촉을 최대한 느끼고, 사람들의 미소와 사랑스런 목소리를 즐겨라. 우리가 가진 모든 감각을 마음껏 활용하며 즐겨라! 그리고 배가 아플 정도로 웃어라. 웃음소리가 귀에 좀 거슬리면 어떠랴. 최고급 식사와 아름다운 루비빛 와인 한 잔, 그리고 사랑하는 사람을 갈망해 보는 건 어떨까? 아니면 사랑과 아름다움, 음악과 춤, 웃음과 즐거움에 푹 빠져보는 건? 대담하리만치 환희로 가득 찬 인생을 꾸려보는 건 어떨까?

어디 안 될 이유라도 있는가?

  물론 인생을 즐기기 위해서는 올바른 자각을 가져야 한다. 즐거움을 위해 자신이나 다른 사람에게 해를 끼쳐서는 안 된다. 지혜롭게 스스로의 한계를 지키며 인생을 즐긴다면 더 건강하고 유익한 삶을 살 수 있다.

  나는 가끔씩 슐츠 아주머니가 인생을 즐기는 것이 얼마나 멋진 일인지 알았다면 삶을 더 즐겁게 살지 않았을까, 하는 생각이 든다.

  자기 인생을 즐기는 법은 자기 자신이 가장 잘 알고 있을 것이다. 지금 바로 실행하라. 삶에 푹 빠져서 있는 힘껏 살아라!

06
스스로에게 관대하라
Cut Yourself Some Slack

우리가 할 수 있는 것은 오직 있는 힘껏 최선을 다하는 것이니
그리하면 자연히 보답이 따를 것이다.
— 작자 미상

때로는 우리 자신이 스스로에게 최대의 적이 되기도 한다. 우리는 자기 스스로를 어떻게 대하는가? 용기를 주고, 친절하며 인내심과 이해심 있는 태도로 자신을 대하는가? '난 정말 멍청해. 제대로 할 줄 아는 게 아무것도 없어' 이렇게 생각하지는 않는가?

내 시어머니인 헬렌은 아흔두 살이지만 여전히 활력이 넘치는 삶을 살고 있다. 내가 그 비결을 묻자 그녀는 이렇게 말했다.

"다른 사람이나 스스로의 흠을 잡지 말거라. 무엇보다 자기 자신을 비하하면 안 된단다. 자기 자신을 흉보는 건 마치 자기가 살고 있는 나무를 쪼아 대어 결국 나무를 쓰러뜨리고 마는 딱한 딱따구리 같은 짓이란다."

늘 꾸지람만 들으며 자란 아이는 자신감을 잃게 되고 발전할 수 없듯이 자기 자신을 꾸짖기만 한다면 자신 역시 그렇게 되고 만다. 우리는 모두 상처받기 쉽고 연약한 존재이기에 자기 존재에 대해 끊임없이 의심하기 마련이다. 그렇기에 우리는 늘 아이처럼 따뜻한 격려와 긍정적인 피드백을 필요로 한다. 그런데 스스로를 격려하고 위로하지 않는다면 누구에게 그런 걸 기대할 수 있을까?

우리가 아무리 노력해본들 우리는 결코 완벽한 존재가 될 수 없다. 이 세상 누구도 완벽한 사람은 없다. 그렇다면 '완벽'하다는 건 무엇일까? 완벽에 대해 확고한 기준을 말할 수 있는 사람이 있을까? 일례로 완벽한 부모는 과연 존재할 수 있을까? 부모는 때로 자식을 너무 사랑해서 아이를 망칠 수 있고, 반대로 사랑을 주지 않아서 아이를 망칠 수도 있다. 부모가 매사에 지극 정성으로 보살피며 도움을 준다면 독립심 없는 아이로 자랄 수 있다. 그렇다고 해서 아이를 너무 방치한다면 이 역시 아이에게 나쁜 영향을 준다.

우리는 부드럽고 예민한 남자에게는 나약하고 여자 같다는 꼬리표를 붙이는 반면 자기주장이 강하고 공격적인 여성에게는 드세다고 말한다. 나는 완벽에 대해 정의하려고 하는 것은 마치 한쪽을 찌부러뜨리면 다른 쪽이 불룩 튀어오르는 풍선 같은 것이라고 생각한다.

자기 자신을 믿어라. 우리가 스스로에게 최선을 다한다면 인생을 제대로 살고 있는 것이다.

이렇게 해 보자. 내면의 대화를 통해 자기 자신의 긍정적인 모습을 프로그래밍한다고 생각해 보자. 당신의 재능, 당신만이 지닌 마법 같은 힘과 능력, 당신의 장점과 매력 포인트를 스스로에게 끊임없이 상기시켜라. 이런 마음가짐을 유지한다면 스스로에 대해 따뜻하고 푸근한 마음이 들 것이다.

나는 내 책상 위의 데스크 램프에 다음과 같은 글귀를 적어 붙여 놓았다.

"있는 힘껏 최선을 다한 후에 느긋하게 결과를 기다려라."

그렇게 했는데도 노력에 대한 효과가 없었다고 좌절할 필요는 없다. 베이브 루스도 718개의 홈런을 치는 동안 삼진아웃을 1,330번이나 당하지 않았던가.

07

인생의 목표를 찾아라
Discover Your Goals

목표가 없다면 그저 사는 대로 살게 될 뿐이고
목표를 세운다면 원하는 대로 살 것이다.
— 작자 미상

인생에서 가장 중요한 것은 무엇일까? 우리는 우리에게 가장 중요한 일을 하면서 살고 있을까? 대부분 그렇지 못하다. 왜냐하면 우리는 우리에게 가장 중요한 것들과 인생의 목표에 대해 깊이 생각해 본 적이 없기 때문이다. 자, 그럼 어떻게 하면 우리는 우리에게 주어진 시간을 최대한 잘 활용하며 인생을 살 수 있을까?

효과적인 목표 설정을 하는 법을 연습해 보자. 아주 쉽다. 혼자서 해도 좋고 친구나 가족과 함께 해도 좋다. 이걸 매년 한다면 (생일을 맞을 때마다 해 보는 것도 좋다) 자신이 원하는 방향으로 인생을 살 수 있을 것이다.

1. 15분에서 20분 정도 시간을 내라. 종이 네 장과 필기도구, 시계나 타이머를 준비한 후 자리에 앉아라.

2. 첫 번째 종이 맨 윗부분에 다음과 같이 적어라. 내 인생의 목표는 무엇인가? 2분 동안 이 질문에 대한 답을 적어 보아라. 머릿속에 떠오르는 대로 바로 적는 것이 좋다. 일반적인 내용도 좋고 구체적으로 써도 좋다. 쓸데없는 것이건 웃기건 엉뚱하건 뜬구름 잡는 이야기건 상관없다. 개인적이거나 가족과 관련된 것, 직업이나 사회와 관련된 것, 지적이거나 정신적인 목표를 써도 좋다.

3. 위에서 쓴 목록들을 2분간 훑어보며 마음에 들도록 내용을 덧붙이거나 고쳐 쓰는 시간을 갖는다.

4. 두 번째 종이를 꺼내 맨 윗부분에 다음과 같이 적는다. 앞으로 5년을 어떻게 보낼 것인가? 2분 동안 가능한 빨리 답을 써 본다.

5. 2분 더 시간을 갖고 앞에서 쓴 내용을 덧붙이거나 수정한다.

6. 목표에 대해 다른 관점에서 접근해 보기 위해 세 번째 종이 맨 윗부분에는 다음과 같이 적는다. 내 삶이 6개월밖에 남지 않았다는 걸 알게 된다면 그동안 무엇을 하겠는가? 자신의 죽음과 관계된

모든 걸 상상해 보자. 유언장 작성을 비롯하여 죽기 전에 꼭 해야 할 일들이 있을 것이다. 가능한 2분 내에 답을 써 보라.

7. 2분 더 시간을 갖고 앞에서 쓴 내용을 마음에 들도록 고쳐 보라.

8. 이제 2분 정도 더 시간을 갖고 앞에서 쓴 내용을 다시 한 번 점검해 보아라. 두 번째와 세 번째 질문의 답은 첫 번째 질문에 대한 답의 연장선상에 있다는 걸 알 수 있을 것이다. 더 짧은 기간 동안의 목표에 초점을 맞추었을 때는 목표가 조금 달라지기도 했을 것이다. 각각의 질문에 대한 정답은 없다. 이 과제의 목적은 각자의 인생에서 가장 중요한 것이 무엇인지 찾도록 도와주는 것이다.

9. 다음은 리스트에 적은 내용의 우선순위를 매기는 단계이다. 네 번째 종이를 꺼내 맨 윗부분에 다음과 같이 적어라. 인생에서 가장 중요한 목표 세 가지는 무엇인가? 앞에서 쓴 내용을 모두 읽어 본 후 자신에게 가장 중요하다고 생각되는 것 세 가지를 골라서 써 보라. 필요하다면 가장 중요한 세 가지 목표 외의 나머지 내용에도 중요한 순서대로 번호를 매긴 후 아래에 쭉 이어서 써도 좋다.

지금 당장 짬을 내어 이 과제를 해 보면 어떨까? 그리고 이 과제를 다 끝낸 후에 자신이 쓴 답에 대해 다시 한 번 꼼꼼히 살펴보자. 예를 들면 '내 삶이 6개월밖에 남지 않았다는 걸 알게 된다면 그동안 무엇을 하겠는가?'에 대한 답이 첫 번째와 두 번째 질문에 대한 답과 완전히 다른 답을 포함하고 있다면 자신이 가장 절실히 원하는 것을 무시하거나 미뤄 두지는 않았는지 자문해 볼 필요가 있다. 더 나아가 현재 자신의 삶의 방식이 인생의 중요한 목표를 이루는 데 장애가 되는 것은 아닌지도 점검해 볼 필요가 있다. 즉 이 연습 과제를 통해 현재 하고 있는 특정 활동을 그만두기로 결심한다거나 시간 활용을 더 잘해야겠다는 등의 변화를 생각해 볼 수도 있을 것이다.

이 과제를 통해 우리는 스스로의 삶을 주도적으로 이끌어나가는 동시에, 자신의 힘을 최대로 발휘하며 살 수 있다. 해마다 이 과제를 해 봄으로써 주기적으로 인생의 목표를 점검한다면 우리의 인생은 계획대로 올바른 궤도를 유지하며 나아갈 수 있을 것이다.

08
스스로의 미래를 만들어라
Create Your Own Future

바람의 방향을 바꿀 수는 없지만
돛의 방향을 조정할 수는 있다.
― 작자 미상

"인생이 원치 않는 방향으로 가고 있다는 걸 깨달았을 땐 뭔가 변화가 필요해."

내 친구 카렌이 한 말이다. 그녀는 이혼하고 4년 동안 일과 가족 그리고 모임 활동에만 몰두해 있었다. 하지만 자녀들이 결혼하고 멀리 떠나자 카렌은 어느 날 내게 이렇게 고백했다.

"요즘 남자에게 부쩍 신경이 쓰여. 이제 새로운 사람을 만날 준비가 된 것 같아."

"하지만 어떻게 해야 할까? 난 연애를 어떻게 해야 하는지 전혀 모르겠어. 맘에 드는 남자도 마치 남동생들 다루듯 대해 버리게 된다니까." 카렌은 웃으며 이렇게 말했다. 이후 카렌은 연애하는 법을 배우기로 결심하고 친구들에게 도움을 요청했다. 또한 피트니스 클럽에 등록하여 주 세 번 에어로빅과 웨이트 트레이닝을 시작했고 나머지 날에는 걷기 운동을 했다. 또한 체중을 줄이고 혈색을 좋게 하기 위해 육류와 고지방 식품을 줄이고 채소와 과일을 더 많이 섭취했다. 카렌은 지금 50대 중반이지만 과거 어느 때보다 훨씬 더 아름답고 매력적으로 변했다.

카렌은 이제껏 기혼자 중심의 모임에서 주로 활동하고 있었기에 멋진 남자를 만날 가능성이 높은 새로운 활동을 찾아 나섰다. 그리고 주변의 친구에게 이렇게 말하고 다녔다.

"나 이제 데이트 할 준비가 됐어. 그러니 주변에 멋진 독신 남성이 있다면 꼭 소개시켜 줘."

첫 번째 소개팅을 한 후, 카렌은 상대 남자에게서 연락이 없자 크게 실망했다. 하지만 시도해서 손해 볼 건 없다는 생각에 그녀가 먼저 그 남자에게 연락을 했다.

"난 내 어떤 면이 그 사람의 마음에 안 들었는지 물어봤어. 그리고 25년 만에 한 데이트라 내가 무슨 실수라도 했는지 걱정된다고 말했지. 그러자 그가 웃으며 말하길 자기는 영혼의 짝을 만나고 싶었는데 나는 그 상대가 아닌 것 같다고 말하더군. 우리는 데이트했던 날보다 훨씬 더 즐거운 대화를 하며 시간을 보냈지. 첫 데이트 때는 사실 그가 너무 긴장해서 포크를 바닥에 떨어뜨렸다니까!"

그들은 지금 좋은 친구로 지내고 있다.

가만히 앉아 대단한 마법이라도 일어나길 기다리는 대신 카렌은 멋진 남자 또는 영혼의 짝을 찾겠다는 목표를 이루기 위해 할 수 있는 모든 일을 적극적으로 했다. 카렌은 자신이 원하는 미래를 스스로 만드는 것이 어떤 것인지 알고 있었던 것이다.

미래를 스스로 만드는 행동은 다음과 같다.
- 인생의 주인은 자기 자신이라는 생각을 갖고 단지 상황에 반응하기보다는 적극적으로 행동하고,
- 미래가 다른 사람들, 또는 우연에 따라 결정되는 것을 단호히 거부하고,
- 희생자가 되기보다는 인생의 주인이 되며,
- 앞으로 일어나길 바라는 일을 마음속으로 결정한 후, 그 일이 일어나는 데 필요한 일을 차근차근 해 나간다.

언제나 활기에 차 있고 늘 성장하는 사람들은 모두 의식적으로 자신의 삶이 나아가야 할 방향을 숙고한 후에 실제로 그렇게 될 수 있도록 한 단계씩 실천해 가고 있었다. 나는 이들이 인간관계, 개인적 성장, 육체적·정신적 건강, 일, 그리고 여가활동에 이르기까지 삶의 모든 부분을 깊이 숙고하여 계획적으로 살고 있다는 데 깊은 인상을 받았다. 일흔네 살의 나이에도 불구하고 교육자로 일하며 여전히 아름다움을 간직하고 있는 마리라는 여성은 이렇게 말했다.

"삶이란 돛단배 같은 것이죠. 때로는 바람이 우리를 공격하기도 하지만 결국 우리는 바람을 이용하여 목적지까지 올 수 있는 걸요."

단기적인 관점에서 볼 때, 우리는 면접을 보기 전에 면접을 보게 될 회사가 어떤 회사인지 최대한 철저하게 조사한다. 이러한 사전 조사를 통해 그 회사가 자신이 일하고 싶은 회사인지, 그리고 그 일이 자신의 삶의 목표에 맞는 일인지 점검해 볼 수 있으며 또한 자신의 철두철미함을 보여줌으로써 면접관에게 좋은 인상을 심어줄 수도 있다. 또 우리는 새집을 사거나 아파트를 대여할 때도 미래를 내다보는 자세를 가진다. 이웃과 주변 환경, 학군, 교통 편의성 등 중요하게 고려되어야 할 모든 요소들을 면밀히 조사함으로써 미래의 일에 적극적으로 대비하는 것이다.

그리고 장기적인 관점에서 볼 때, 은퇴 후에 편안한 여생을 보내기 위해 필요한 자금은 얼마인지 미리 예측해 본 후 일정 금액을 저축하고 투자함으로써 목표액을 마련해 두는 것 역시 미래에 대비하는 자세이다. 기업가이자 투자자인 워렌 버핏은 이렇게 말했다.

"오늘 그늘에서 쉴 수 있는 것은 오래 전에 나무를 심어 놓았기 때문이다."

이렇게 해 보자.

1. 자신의 인생에서 직업이나 개인적인 부분에서 불만족스러운 부

분을 하나 떠올려 보자.

2. 이 상황이 변화하지 않는다면 앞으로 어떤 일이 일어날지 적어 보아라.

3. 자신의 목표에 부합하는 동시에 가장 실현 가능성이 높고, 가장 원하는 방향을 가능한 자세하게 적어 보아라.

4. 잠시 거리를 두고 자신이 할 수 있는 방법이 바람직한 결과를 낳을지 곰곰이 생각해 본 후 그 내용을 적어 보아라.

5. 미래에 대해 수동적으로 대처했을 때와 적극적으로 대처했을 때의 결과가 어떻게 다른지 리스트를 만들어 보아라.

    우리가 늘 앞을 내다보고 적극적으로 산다면 자신이 원하는 미래를 만들 수 있다. 우리는 돛의 방향을 조정하여 우리가 가고자 하는 방향으로 나아갈 수 있다. 계획을 세우고 이를 실행함으로써 자신이 원하는 삶을 만들어 갈 수 있다. 그것이 바로 우리가 가진 힘이다.
    그리고 우리가 인생을 다스리며 살 때, 다른 사람들이 이렇게 말해도 놀라지 마라.
    "세상의 운을 다 가진 사람도 있군요!"

09
열정을 발견하라
Find Your Passion—and Pursue It

인생은 멋진 모험이 될 수도 있고
보잘것없는 것이 될 수도 있습니다.
— 헬렌 켈러

터무니없는 것을 시도하는 사람만이
불가능한 일을 해낼 수 있습니다.
— 작자 미상

로라는 미드웨스턴 대학에서 학생들을 가르치고 있었다. 그녀는 일을 사랑했지만 가족들을 보살피는 데 전념하기 위해 좋아하는 글쓰기와 연구를 포기하기로 결심했다. 하지만 25년 동안 결혼생활을 함께 했던 남편이 죽고 아들들은 멀리 있는 대학에 진학하자 외로움을 느꼈다. 하지만 얼마 지나지 않아 로라는 가족에 대한 미안한 마음에서 벗어나 자신의 일에 몰두할 수 있다는 사실을 감사히 받아들였다.

8년 후 로라의 인생은 눈부시게 변했다. 그녀는 일에서도 인생에서도 매우 열정적이었고 주변 사람들에게도 커다란 영향을 주었다. 양조업자인 로버트 몬다비Robert Mondavi는 이렇게 말했다.

"다른 사람보다 뛰어나기 위해서는 단지 흥미를 갖는 것만으로는 부족하다. 중요한 것은 열정이다."

바로 로라가 이 말에 딱 부합하는 사람이었다. 생각의 틀을 바꾸는 그녀의 논문은 점차 널리 알려져 로라는 미국 전역에서 강의를 해 달라는 요청을 거의 매일같이 받고 있다. 나는 8년 만에 그토록 놀라운 성장을 이룬 사람을 거의 보지 못했다. 그녀는 쉰여섯 살의 나이에도 불구하고 지금도 끊임없이 성장하고 있다.

삶에 대한 로라의 열정은 강한 전염성이 있었다. 우리는 그녀와 함께 있는 것 자체가 즐거웠다. 로라가 미드웨스트를 떠나 시애틀을 방문했을 때 우리는 그녀를 재미있게 해 주지 못할까봐 긴장할 필요가 전혀 없었다. 그녀는 무엇을 하든, 무엇을 보든, 누구를 만나든, 무엇을 먹든 늘 언제나 너무나 즐거워했고 열정적이었다.(그렇다. 그녀는 온몸으로 인생을 즐기고 있었던 것이다!)

중년의 삶이 멋진 이유 중 하나는 열정을 마음껏 펼칠 시간이 많아진다는 것이다. 그렇다면 자신의 열정을 어떻게 찾을 수 있을까? 게일 쉬히Gail Sheehy(미국의 작가 - 옮긴이)는 이렇게 말했다.

"좋아하는 일에 집중하고 더 많은 시간을 쏟는다면 그 일에 점점 더 큰 열정을 가질 수 있게 된다."

자신을 푹 빠지게 하고, 도전하게 만들며 힘과 활기를 주는 일을 해라. 그 일은 원예 활동일 수도 있고 글쓰기일 수도 있으며 생화학이나 조류鳥類를 관찰하는 일일 수도 있다. 당신은 어떤 일에 가장 큰 매력을 느끼는가? 당신이 입이 근질거릴 정도로 이야기하고 싶어 하는 대화 주제는 무엇이고 즐겨 읽는 책은 무엇인가? 당신은 어떤 활동에 푹 빠져 있는가? 시간 가는 줄 모르고 즐겁게 하는 일은 무엇인가?

다양한 분야에서 열정을 보이는 사람도 있다. 회사의 중역으로 매우 활동적이며 의욕적인 삶을 살고 있는 쉰다섯 살의 데이브는 내게 이렇게 말했다.

"내 취미는 특정한 분야들을 파고드는 거예요. 내 심장을 뛰게 만드는 새로운 도전과제를 찾아다니고, 이를 통해 새로운 것을 배우는 일에 가장 열정을 느끼지요."

요점을 정리하면 이렇다.
- 자신이 가장 좋아하는 것을 찾아서 그 일을 해라.
- 그 일을 잘 해낼 수 있을지를 생각하는 대신 그 일이 정말로 하고 싶은 일인지 한 번 더 고민해라.
- 그 일에 있는 힘껏 열정을 쏟아라.
- 열정을 쏟는 데 두려워할 게 뭐가 있는가? 마이크로 소프트 사의 스티브 발머Steve Ballmer는 이렇게 말했다.

"유능한 사람들은 모두 열정적인 사람들이다. 그렇지 않은가?"

열정으로 충만한 우리의 정신은 지구상에 존재하는 가장 강력한 힘이다. 자신의 열정을 발견하고 있는 힘껏 열정을 쏟아 부어라!

10
긍정이 최선이다
Positive Is Better

우리가 하는 생각이 바로 우리 자신이다.
— 괴테

1985년에 빌과 나는 열일곱 명과 한 팀을 이뤄 중국여행을 갔다. 시간이 지날수록 우리는 이들 중 몇몇 사람의 행동이 몹시 거슬렸다. 우리는 둘만 남게 될 때마다 속좁은 노친네들처럼 그들에 대해 험담하고 불평을 해대곤 했다.

여행에서 돌아온 후 우리는 우리의 태도가 결국 여행을 망쳤다는 걸 깨달았다.

"문제는 그 사람들한테 있었던 게 아니라 우리한테 있었어. 그 사람들은 나름대로 모두 좋은 사람들인데 도대체 우리가 무슨 자격으로 그들에 대해 이러쿵저러쿵 떠들어댄 걸까?"

이 사실을 깨닫자 우리는 둘 다 성스러운 벼락이라도 맞은 듯한 충격에 사로잡혔다. 우리가 다른 사람을 비난할 때 우리는 그 사람이 어떤 사람인지 정의를 내리는 것이 아니다. 그들에 대한 정의는 이미 내려져 있다. 우리가 다른 사람에 대해 이러쿵저러쿵하는 것은 결국 우리 자신이 어떤 사람인지를 정의하는 것이다.

그로부터 2년 후, 우리는 러시아로 여행을 떠날 준비를 하면서 자그마한 실험을 해 보기로 했다. 우리는 틈날 때마다 우리와 함께 여행하는 사람들의 특별한 가치를 찾으려고 노력했다. 우리는 당시에 모든 사람들이 자신만의 특별한 마법을 갖고 있다는 진리를 깨닫고 있었던 것이다. 우리가 태도를 바꾸자 러시아 여행 자체도 매우 즐거웠을 뿐만 아니라 여행객들 사이에서도 이전에는 결코 느껴 보지 못했던 배려와 존중, 감사의 마음이 느껴졌다. 이런 경험을 통해서 우리는 긍정적으로 받아들이는 태도가 전염성이 있는 것이 아닐까 하는 생각을 갖게 되었다.

우리가 긍정적인 사람이 될 것인지 부정적인 사람이 될 것인지는 전적으로 개인의 선택에 달려 있다. 어떤 선택을 하느냐에 따라 우리의 인생은 완전히 달라질 수 있으며 인간관계, 일, 자신에 대한 태도, 그리고 앞으로의 자신의 모습까지 인생 전반에 지대한 영향을 미친다.

우리가 긍정적으로 생각하는지, 부정적으로 생각하는지에 따라 우리가 세상을 보는 필터가 결정된다. 긍정적인 생각을 갖는다면 우리는 맑고 투명한 필터로 세상을 보게 된다. 세상의 걱정거리나 문제점을 보는 동시에 먹구름 사이로 비치는 한 줄기 햇살과도 같은 가능성 역시 볼 수 있다. 반면 부정적인 생각을 갖는 것은 어둡고 흐릿한 필터로 세상을 보는 것과 같다. 우리가 무얼 보든 간에 모든 것이 뒤틀려 보인다. 더 나쁜 것은 인생의 긍정적인 면조차 전혀 보지 못하게 된다는 것이다.

부정적인 생각과 말과 행동을 하는 것은 영혼을 좀먹는 일이다. 이는 자신의 날개를 짓눌러 날아오르지 못하게 하는 것이나 마찬가지다. 부정적 태도는 정신과 육체, 그리고 영혼을 지배한다.

우리는 모두 사랑받기를 간절히 원한다. 이때 꼭 기억해야 할 점은 긍정적인 사람들에게는 주변 사람들을 끌어들이는 힘이 있다는 것이다. 반면 부정적인 사람들 옆에는 함께 있고 싶지 않은 법이다.

긍정적인 사람이 되기로 결심했다 하더라도 우리는 이따금씩 부정적인 생각에 사로잡히곤 한다. 누구나 그렇다.

그럴 때는 이렇게 해 보라.
- 당신의 사고방식에 늘 신경 써라. 부정적인 생각들이 스멀스멀 기어오를 때마다 "그만!"이라고 외친 후에 다시 긍정적인 쪽으로 생각의 방향을 바꾸어라.
- 여러 가지 문제와 걱정거리들로 부정적인 생각에 짓눌려 있을 때 있는 힘을 다해 이런 생각들을 치유하거나 날려 보자. 이런 경우 내가 좋아하는 방법을 하나 소개한다. 먼저 마음속에 커다란 검

은 풍선을 하나 떠올려 보자. 그리고 온갖 걱정거리들을 풍선에 담아 끈으로 꽁꽁 묶은 후에 풍선을 하늘로 날려 보내라. 그리고 풍선이 높이 날아올라 멀리 사라질 때까지 지켜보아라. 풍선이 구름 속으로 사라질 때쯤이면 몸과 정신, 그리고 영혼을 짓누르던 모든 짐이 훌훌 날아가 버릴 것이다!(실제로도 효과가 정말 좋다!)
- 부정적인 생각에 빠질 때, 믿을 수 있는 누군가에게 털어놓고 조언을 구하라.

우리가 인생에 대해 긍정적인 태도를 갖든 부정적인 태도를 갖든 이는 하나의 습관일 뿐이다. 물론 둘 중 긍정적인 것이 늘 정답이다.

11
마법의 순간을 느껴보라
Magic Moments

오늘을 잡아라. 오늘에 감사해라.
사랑하고 일하고 뛰놀고 하늘의 별을 올려다 볼
기회가 주어졌음에.

― 헨리 반다이크

살면서 마법과도 같은 순간을 느껴본 적이 있는가? 과거의 그림자도, 미래에 대한 불안도 모두 잊고 순수한 즐거움으로 온몸이 녹아들어가는 듯한 그런 순간 말이다.

자연 전문 사진작가인 키이스는 어느 날 내게 이렇게 말했다.

"나는 어미 새가 새끼들에게 먹이를 주는 걸 볼 때 전율을 느끼지요. 사진작가의 눈으로 보면 모든 곳에서 아름다움을 발견할 수 있어요. 내 눈은 언제나 독특한 형태들이나 아름다운 불빛과 색깔, 그리고 물 위에 퍼지는 잔무늬 같은 패턴들을 찾아 헤매게 되었답니다. 이런 것들은 순간적으로 스쳐 지나가기 때문에 이 순간을 놓치면 앞으로는 볼 수 없는 아름다움이죠. 나는 사진 강의를 통해 사람들에게 아름다움을 볼 수 있는 눈을 길러줄 때 정말 보람을 느낀답니다. 특히 강의 마지막 시간에 이 강의를 통해 인생의 즐거움이 한 단계 더 깊어진 경험에 대해 서로 공유하곤 하는데 이때 몇몇 학생들은 눈물을 글썽이기도 해요."

다프네 뒤 모리에Daphne du Maurier(영국의 작가, 극작가 - 옮긴이)는 이렇게 말했다.

"행복은 소유하는 것이 아니다. 행복이란 양질의 생각이자 마음의 상태이다."

당신만의 마법 같은 순간을 발견해 보라.

1. 삶에서 가장 즐거움을 준 마법 같은 순간은 언제였는가? 생각나는 대로 써 보아라.

2. 위에서 쓴 것들 중 가장 즐거웠던 순서로 번호를 매겨보아라.

놀랍지 않은가? 빌과 나는 우리가 쓴 답을 보고는 놀라움을 금치 못했다. 우리가 가장 멋진 순간들이라고 생각했던 건 매일의 일상 속에서 일어났던 일이었다. 나는 이른 아침 김이 모락모락 나는 차 한 잔을 손에 들고 정원을 거닐며 이슬을 머금어 생기에 찬 꽃과 나무들을 돌보는 시간을 소중히 생각한다. 나는 생선 장수 아주머니와 장사꾼 아저씨와 재잘재잘 잡담을 하며 식료품을 사는 것도 좋아한다. 빌과 나는 둘 다 저녁에 벽난로 앞에 웅크리고 앉아 책 읽는 걸 좋아한다. 나는 일과 친구들을 사랑하고 여행을 떠나거나 영화를 보는 것도 좋아하지만 그보다는 고요하고 단순하며 일상적인 일들에서 더 큰 즐거움을 느낀 것이다. 이걸 깨달은 건 사뭇 놀라운 일이었다.

마법 같은 순간을 경험하기 위해서는 우리가 무얼 하든 진심으로 관심을 갖고 주의를 기울이는 것이 중요하다. 그때야 비로소 우리는 삶에서 경험하는 것들의 미묘한 차이를 진정으로 음미할 수 있다. 해가 끊임없이 색조를 바꾸며 고요히 떠오르는 순간을 즐기거나 누군가에게 오롯이 집중해서 그 사람의 말에 귀를 기울이고, 적극적으로 공감하며 관심을 가지는 순간에도 그런 경험을 할 수 있다.

한 가지 실험을 해 보자. 싱싱한 레몬이나 오렌지, 사과 한 개를 손에 올려놓고 여기에 온전히 집중해 보자. 색깔과 질감, 감촉 등을 세밀하게 살펴보고 향기도 맡아보자. 촉촉한지 차가운지, 따뜻한지 부드러운지도 느껴보자. 어떤가? 이 순간에 충분히 집중하고 즐길 수 있지 않은가?

결국 해가 갈수록 우리의 영혼을 진정으로 살찌우는 건 일시적인 성취감 따위가 아니라 소박한 기쁨이란 걸 깨닫게 될 것이다.

12
기쁨의 자취를 남겨라
Leave a Trail of Gladness

> 위인들의 모든 생애는 말해 주노니,
> 우리들도 위대한 삶을 이룰 수 있고,
> 그리고 이 세상을 떠날 때는
> 시간의 모래 위에 우리의 발자국을
> 남길 수 있음을.
> — 헨리 워즈워스 롱펠로우

수년 전에 읽은 오 헨리의 멋진 소설 한 편을 나는 아직도 잊을 수 없다. 뉴욕의 아파트에 살고 있는 한 부부가 어느 날 아침에 장을 보러 갔다. 부인은 만나는 사람마다 유쾌하고 친절하게 대했고, 밝게 웃으면서 덕담을 했다. 그녀는 사람들에게 기쁨의 자취를 남겼고, 그 덕분에 그녀를 만난 사람들은 자기 자신과 자신의 인생을 더 긍정적으로 느낄 수 있었다.

반면 남편은 이와 정반대로 행동했다. 그는 만나는 사람마다 불평과 험담을 해댔다. 남편은 사람들에게 불쾌감을 남겼고 상대방의 자존심을 상하게 했다. 이 소설의 반전은 이랬다. 다음 날 이 부부가장을 보러 갈 때 두 사람은 서로 역할을 바꾸어 보았다. 그 결과, 남편은 기분 좋은 인상을 남긴 반면 아내는 사람들에게 상처와 절망만 안겨 주었다.

이 이야기는 다른 사람들을 대하는 방식은 결국 스스로의 선택에 달려 있다는 것을 깨우쳐 준다. 우리는 다른 사람들에게 기쁨의 자취를 남기며 사는 인생을 선택할 수 있다. 우리는 시간의 모래 위에 우리의 발자국을 남길 정도로 위대한 사람이 될 필요는 없지만 우리가 만나는 사람들이 스스로를 가치 있고 특별한 느낌이 들도록 만들어 주고, 다른 사람들을 북돋워 줌으로써 그들에게 잊지 못할 인상을 심어줄 수는 있다. 이러한 행동들은 쉽게 잊히거나 사라지지 않는다. 왜냐하면 그런 행동들은 한 사람의 영혼과 인격의 일부가 되기 때문이다.

기회가 있을 때마다 다른 사람들에게 스스로가 가치 있는 사람이라는 걸 일깨워 주어라. 우리는 모두 다른 사람들로부터 존중받고 인정받고 싶어 하지 않는가? 연못에 던져진 자그마한 조약돌이 잔물결을 그리며 퍼져 나가듯, 우리가 베푼 자그마한 친절은 널리널리 퍼질 것이다. 예를 들어 우리가 고속도로에서 앞 차가 끼어들 수 있도록 자그마한 공간을 내어 준다면 상대방은 우리가 베푼 호의를 다른 사람에게도 베풀게 될 것이다. 친절에는 전염성이 있다. 그러니 어서 세상에 친절을 베풀어라!

나는 이 생애를 단 한 번밖에 살 수 없기에
내가 베풀 수 있는 아주 자그마한 친절이 있다면
지금 즉시 베풀 것이리라.
내가 지금 걷는 길은 두 번 다시 걸을 수 없는 길이기에.

— 베일 세이어스

13

베풀어라
Give Back

스스로를 돕지 않는 사람은
이 세상 어느 누구도 진심으로 도울 수 없다.
이것이 세상에서 가장 아름다운 법칙이다.

— 랠프 월도 에머슨

우리는 자신의 인생을 사는 데만 급급해 우리 주변의 세상과 담을 쌓으며 살기 쉽다. 하지만 우리가 편협한 마음을 갖고, 개인적인 일에만 흥미를 갖고 산다면 인간으로서 성장을 이루기 어렵다.

TV나 신문 등 각종 미디어에서 중년 이상의 노인들이 베풀기보다는 받기를 좋아하고, 오직 자기중심적인 일에만 관심을 갖는 사람으로 그려지는 경우를 많이 보았다. 물론 그렇게 사는 사람들도 많지만 모든 사람들이 그런 것은 아니다. 미국 인구 중 9,300만여 명이 자원봉사자로 일하고 있으며, 이들은 자신들의 소중한 시간과 따뜻한 마음, 재능과 지식을 바쳐가며 기꺼이 봉사하고 있다. 우리 주변에는 베푸는 사람도 있고, 받기만 하는 사람도 있을 것이다. 이들 중 누가 더 자신감과 자존감이 높은가?

> 인생에서 가장 중요한 것은
> 가치 있는 사람이 되고
> 인생에서 중요한 것들을 지키고 지지하며
> 우리의 삶 자체로 인해
> 세상에 자그마한 변화를 주는 것이다.
> ─ 레오 로스텐

사회에 기여하며 사는 사람들이 스스로에 대해 더 긍정적으로 생각하며, 특히 활동적으로 지역사회에 참여하는 중장년층이 그렇지 않은 사람들보다 정신적, 육체적으로도 더 건강하다는 연구 결과도 있다. 건강하고 행복한 삶은 인생을 적극적으로 살고 있다고 느끼는 데에서 온다. 우리에게는 행동과 도전이 필요하다. 우리 모두는 인생이라는 경기를 원하는 것이다!

우리가 세상에 깊이 관여하며 살 때 우리는 더 재미있는 사람이 되고, 흥미로운 사람들과 친구, 동료가 되며, 배우자가 될 수 있다. 우리가 다른 사람들을 도우며 산다면 우리는 외로울 틈이 없고 삶은 더 충만하고 윤택해질 것이다!

나는 나 혼자서는 여기까지 오지 못했을 것이라고 생각한다. 가족과 공동체, 친구들, 동료들의 도움이 있었기에 여기까지 올 수 있었던 것이다. 시간의 도움으로 아이들이 독립해서 내 손을 덜어 주었으니 이제는 내가 다른 이들을 도울 때가 온 것이다. 이제 갓 일을 시작함으로써 세상과 관계를 맺기 시작한 젊은이들의 멘토가 되어 주고, 친구와 사랑하는 이들에게 도움을 주고, 이민자들에게 영어를 가르치고, 지역사회에 봉사하며 사랑을 베풀 때인 것이다.

어떤 분야든 마음 가는 곳에 가서 봉사활동을 시작하자. 세상에는 아이들에게 수학이나 읽기 공부를 도와줄 사람도 필요하고, 위기에 처한 이들의 처지에 공감을 갖고 따뜻하게 이야기를 들어줄 사람도 필요하다. 병원과 학교, 사회봉사 단체에서는 자원봉사자들의 도움을 애타게 기다리고 있다. 예술에 조예가 깊다면 근처 박물관이나 극장, 음악 관련 단체 등에서 봉사활동을 할 수도 있을 것이다. 호스피스나 식품 복지 서비스 단체, 어린이 지원 단체 등에서 활동하거나 도움을 구하는 사람들의 멘토가 되어 줄 수도 있다. 적십자에서 자원봉사활동을 할 수도 있다. 적십자에서는 우리에게 교육을 시킨 후에, 자연재해가 발생한 곳에 우리를 직접 파견시켜 준다. 모든 비용은 알아서 대준다. 도우려는 의지만 있으면 된다.

아니면 주변에서 우리의 도움이 필요한 곳을 직접 찾아볼 수도 있다. 버몬트에서 작은 자동차 정비소를 하고 있는 조는 어느 날 아침, 친구들과 커피점에서 이야기를 나누던 중 한 친구로부터 도움의 손길을 애타게 찾고 있는 어린 싱글맘의 이야기를 들었다. 한 지역단체에서 그녀에게 직업 훈련도 시키고 면접보는 일과 직장을 얻는 것을 도와주기로 했지만, 문제는 그녀에게 차가 없는데다 주변에 마땅한 대중교통도 없어 면접을 볼 수도, 일을 하러 갈 수도 없다는 것이었다. 이 말을 들은 조는 쓸모없거나 고장난 차를 구한다는 공고를 낸 후, 이렇게 구한 차들을 수리하여 차가 없어 일터에 가지 못하는 사람들에게 기부했다. 이런 방식으로 조는 도움이 필요한 곳을 찾아 그 빈자리를 메운 것이다.

쉰네 살의 수전은 이민 온 지 얼마 안 된 사람들에게 제2외국어로 영어를 가르치고 있다. 8명에서 10명 내외로 이루어진 소그룹을 구성하여 영어를 배우고자 하는 사람들이 새로운 언어를 이해하고 말하는 연습을 할 수 있는 아늑한 공간을 마련해 준 것이다.

"내 학생들의 영어실력이 점점 더 나아지고 유머 감각도 생기는 게 느껴졌어요. 실제로 영어에 대한 스트레스도 덜해지고 점점 자신감이 붙는 것이 눈에 보이더군요. 그리고 마침내 한 사람 한 사람씩 직장을 구했다며 내게 달려왔죠. 드디어 결과가 보이는 거였어요! 그리고 나도 다른 나라 사람들과 만나면서 많은 걸 얻었어요. 그 나라의 문화도 배우고, 가르치는 실력도 나아지고, 다른 사람의 말에 귀를 기울여 듣는 법도 배우게 되었죠. 수업 계획을 재미있게 짜내는 것도 제게는 멋진 정신적 도전이 되었죠. 그리고 수업이 잘 안 된다 싶으면 도대체 뭐가 문제인지 그 원인을 분석해 보고 어떻게 하면 더 좋은 수업을 할 수 있을지 진지하게 고민하기도 했어요. 이 일을 하면서 이제는 내 스스로가 덜 이기적이 되었다고 느껴져요."

쉰일곱 살의 건축가 존은 13년 전부터 호스피스 환자들을 돌보기 시작했다.

"이 일을 하면서 나는 늘 환자들보다 내 스스로가 더 많은 걸 얻어 가는 느낌입니다. 내가 이제껏 만난 다른 사람들과 마찬가지로 나는 환자분들을 정말 좋아합니다. 하지만 이분들이 결국 돌아가시더라도 저는 슬퍼하지 않습니다. 그것이 그분들에게 주어진 시간이니까요. 저는 죽음이 피할 수 없는 것이며, 삶의 한 부분이라는 걸 깨닫게 되었습니다. 그리고 죽음을 앞둔 사람이라고 해서 본성 자체가 변하지는 않는다는 것도 알게 되었습니다. 환자들 중에는 좀 고약하신 분들도 있었는데 이분들이 돌아가시는 모습을 볼 때는 기분이 더 안 좋았죠. 왜냐하면 이분들은 살아생전 단 한 번도 행복을 느껴보지 못했거나 인생에서 의미를 찾지 못한 것 같았기 때문이었습니다. 반면 죽음을 담담히 받아들이고 돌아가실 때까지 멋진 모습을 간직하는 환자분들도 계셨습니다. 이분들을 통해 진정 품위 있고 훌륭한 사람이 어떤 것인지도 깨닫게 되었습니다. 이런 분들은 돌아가실 때 우리에게 뭔가를 남기기 때문이지요. 그래서 가족들은 "늙은 노인네가 마침내 가셨구나."라고 생각하는 대신, 그 모습 그대로의 고인을 기억할 테니까요. 저는 지난 13년 동안 정말 많이 변했습니다. 그리고 저는 지금 정말 행복합니다."

우리는 모두 더불어 산다. 누구도 외딴섬에 고립되어 살지 않는다. 그렇기에 우리는 서로가 서로를 깊이 필요로 한다. 우리가 자기 자신을 사랑하고, 스스로를 마음 깊이 소중히 생각할 때에야 비로소 우리는 다른 사람 역시 진심으로 도울 수 있다. 지금 당장 주변을 살펴보라. 그러면 자신의 능력에 맞는 방식으로 베풀 수 있는 길을 찾을 수 있을 것이다.

14

오늘부터 시작하라
Begin With Today

> 파도가 그대를 덮치고, 물살이 그대의 배를 뒤집는다 해도
> 두려움에 울고만 있지 말고 등을 곧게 펴라.
> 그러면 물 위로 떠오를 것이다.
> — 작자 미상

지난 일을 되돌아보며 그때 뭔가 달리 행동했어야 했다고 후회한 적이 없는가? 나는 아이들을 더 잘 돌보지 못한 것이 후회스럽다. 남편과 나는 10년 전에 마이크로 소프트 사의 주식을 사지 않은 걸 후회한다. 이처럼 우리는 지난날 하지 못한 일에 대해 괴로워하며 이렇게 한탄하곤 한다.

"예전에 그걸 했더라면…."

하지만 우리 모두는 그때그때 최선의 부모이며 우리가 어떻게 해야 할지 알고 있다고 생각해 보자. 또한 우리는 늘 사랑과 일, 투자에서도 늘 가능한 한 최선의 결정을 내리려고 노력한다. 그렇기에 우리는 "예전에는 우리가 잘못했지만 지금이라면 그때보다 더 잘할

수 있어." 라고 떳떳하게 말할 수 있어야 한다. 즉 이 말은 우리가 지금은 과거보다 더 현명해졌다는 뜻이기 때문이다. 또한 우리는 지금 어떻게 하면 과거보다 더 잘해낼 수 있을지를 생각해야 한다.

누구나 실수를 한다. 뒤늦게라도 깨닫게 된 것이 얼마나 고마운가? 우리는 과거를 되돌릴 수는 없지만 과거의 잘못을 되돌아봄으로써 앞으로는 더 잘할 수 있다!

5년 전에 한 주에 15달러를 주고 100주의 주식을 샀다고 가정해 보자. 그동안 주가는 점차 떨어져서 현재는 한 주에 3달러가 되었다. 이때 당신이 지불한 돈이 얼마였는지는 관계없다. 지금 이 순간, 그 돈은 만회할 가망성 없이 사라져 버렸다. 오래 전에 일어난 일에 대해 안달하고 괴로워하는 것은 정신적 에너지의 낭비일 뿐이다. 당신은 당시로서는 최선의 결정을 내렸다. 그러니 지금부터 시작하자. 지금 당신이 가진 것은 300달러 가치의 주식이다. 이상 끝! 쾅쾅쾅. 지금 이 순간의 현실에 기초하여 결정을 내려라.

인간관계든 일이든 당신이 시간과 에너지와 돈을 쏟아부은 것이라면 무엇이든지 동일한 원칙을 적용하라. 예를 들어 당신이 9년 동안 해온 일이 지겨워지고 한계에 다다른 느낌이라면 변화를 고려해 봐야 할 것이다. 현재 직업을 찾는 중이라면, 이번에도 지금 하고 있는 일을 택하겠는가? 단지 9년을 투자한 게 아까워서 그 직업을 고수하기로 결심한다면 이는 별 의미가 없다. 과거를 버리고 새로운 눈으로 지금 이 순간에 초점을 맞춰 선택해라.

좋아하지도 않고 얻을 것도 없는 강좌에 자그마치 200달러의 수업료를 냈다고 생각해 보자. 우리는 이렇게 생각할 수도 있다. '이 강좌를 그만둔다면 난 200달러를 잃는 셈이야.' 하지만 만약 우리가 그만두지 않는다면 그 돈은 여전히 의미 없이 사라질 뿐만 아니라 결국에는 소중한 시간까지 낭비하는 셈이다.

지금 이 순간부터 시작하라. 우리는 과거를 바꿀 수 없으며 오직 미래를 변화시킬 수 있을 뿐이다. 우리는 지금 더 지혜로워졌기에 원하는 미래를 창조하기 위해서는 바로 지금 시작하라.

PART 03

이기는 태도

Your Winning Attitude

15
행복은 마음먹기에 달려 있다
Decide to Be Happy

행복은 목적지가 아니라 여행길이다.
— 윌리엄 제임스

"인생은 모두 마음먹기에 달린 거란다."

내 시어머니 헬렌은 늘 이렇게 말씀하셨다.

"나는 매일 아침 '새로운 하루가 밝았구나'라고 생각하며 눈을 뜬 단다. 나는 내일 일어날 일을 모르고, 어제 있었던 일에 대해서도 걱정하지 않고 그저 오늘이라는 새로운 하루를 고맙게 받아들이지. 만약 내게 조금이라도 부정적인 생각이 떠오르면 나는 그 생각을 털어 버리고 건설적인 생각들로 채운단다. 나는 의식적으로 기운을 내고 활기차지려고 노력한단다."

다양한 연구 결과에 따르면 행복은 나이와는 거의 상관이 없다고 한다. 우리가 일흔이 되고 여든다섯이 되더라도, 서른이나 마흔다섯에 그랬던 것처럼 행복할 수 있다. 그보다 더 나이를 먹더라도 가능하다. 심지어는 사고를 당해 영구적인 장애를 입은 사람들도 시간이 지나면 이전에 누렸던 행복 수준으로 다시 돌아온다. 이는 산등성이에 자리잡아 바람에 비틀리고 비비 꼬인 나무들이 병충해와 가뭄, 폭풍우를 견뎌낸 후, 산 아랫자락에서 안전하게 자란 나무들보다 오히려 더 생기 넘치고 튼튼해지는 것과 같은 이치이다.

인생을 마음 편히 즐기며 사는 사람들은 재난과 고통, 그리고 실패를 참고 이겨낸 사람들이다. 또한 이들은 완고하지 않고 정서적으로도 쾌활한 편이다. 어느 정도의 역경을 통해 우리는 정신적 힘과 성숙한 인격을 얻을 수 있다.

헬렌은 어렸을 때 소아마비를 앓았고 그 때문에 바퀴가 셋 달린 스쿠터에 의지해서 다녀야 했다. 또한 남편을 잃고 제한된 수입에 의존해 홀로 살았다. 이걸 행복한 삶이라고 말할 수 있을까? 하지만 헬렌에게 인생은 아주 멋지고 즐거움으로 가득 찬 것이었다. 그리고 그녀와 함께 있는 것은 얼마나 즐거운 일인지 모른다!

행복한 태도를 결정짓는 비결은 다음과 같다.
- 행복해지기로 결심하라. 자신이 누릴 수 있는 행복의 범위는 처음부터 끝까지 스스로 만들어 나가는 것이다.
- 상실과 실패, 괴로움과 슬픔은 우리 인생의 한 부분이며, 이런 고통 속에서도 행복은 살아남아 우리를 더 강하게 만든다. 가장 중

요한 것은 우리에게 어떤 일이 닥치느냐가 아니라 우리가 이 상황을 어떻게 받아들이느냐 하는 것이다.
- 이 세상 누구도 늘 행복할 수는 없다. 괴로울 때마다 이 말을 기억해라. 이 상황도 언젠가는 바뀔 것이다.
- 진정한 행복은 자신에 대한 집착에서 벗어나 세상에 관심을 가지는 데에서 온다. 활동적인 삶을 살고, 좋아하는 일에 푹 빠져라.
- 의미 있는 활동들을 통해 자신이 갖고 있거나 숨어 있는 능력을 시험해 보아라. 도전의식을 불러일으키는 활동이라면 무엇이든 해라. 분명 효과가 있을 것이다.
- 진심으로 다른 사람에게 관심을 가져라.
- 의식적으로 매일매일 모든 일에 감사하는 마음가짐을 가져라.

우리는 마음먹는 만큼 행복해진다.
— 에이브러햄 링컨

16
마음 깊이 너그러워져라
Generosity of Spirit

*지혜로움은 아는 데에서가 아니라
이해하는 데에서 온다.*
— 작자 미상

어느 날 내 친구 에블린이 자신의 인생의 목표는 영혼의 너그러움을 기르는 일이라고 말했다. 그 말은 어쩐지 내게 특별하게 들렸다. 에블린에게 그게 무슨 뜻인지 묻자 그녀는 이렇게 대답했다.

"그건 나 자신이 좀더 너그러워지고, 다른 사람을 이해하려고 노력하며 사랑과 인내심으로 내면을 채우는 걸 의미해. 이를테면 다른 사람의 나쁜 면을 보는 대신 그들의 마법과도 같은 특별함을 발견하려고 노력하는 거야."

예를 들면 상점의 점원이 불유쾌한 태도로 우리를 대할 때, 이 점원의 행동에 무턱대고 화를 내기보다는 이 점원에게 그럴 만한 이유가 있다고 생각하는 것이다. 아마도 이 점원은 이전에 온 손님이 뭔가 무례한 행동을 해서 기분이 나쁜 것일 수도 있고, 아이가 아파서 걱정하고 있는 건지도 모른다.

또는 고속도로 주행 중에 다른 운전자가 갑자기 끼어들었을 때 화를 내기 전에 상대방이 고의적으로 그런 건 아니었다고 생각하고 마음에서 털어버리는 것이다. 일전에 나는 내가 다니는 피트니스 클럽의 주인인 아놀드와 이야기를 나눈 적이 있다. 아놀드는 서른아홉 살의 건장한 보디빌더였다. 그는 몇 년 전에 마음이 넓고 사랑스러운 아내 린과 결혼한 이후로 자신이 많이 성숙해진 느낌이 든다고 고백했다. 그러면서 다음과 같은 일화를 들려주었다.

"내가 변할 수 있었던 가장 큰 계기는 어느 날 내가 고속도로에서 운전하고 있을 때였어요. 그때 차 한 대가 아슬아슬하게 내 앞을 끼어드는 게 아니겠어요? 나는 너무 화가 나서 맹렬하게 속도를 내어 그 차를 따라가서 운전자에게 무례한 제스처를 취했죠. 다음 순간 그 남자를 보고 나는 깜짝 놀랐어요. 그는 나이가 지긋한 남자였는데 공포에 질린 얼굴로 내 눈을 똑바로 바라보며 눈물을 뚝뚝 흘리고 있는 게 아니겠어요? 나는 내 스스로가 너무나 끔찍한 기분이 들었어요. 그 일은 지금도 잊을 수가 없어요. 내 팔을 봐요. 그 일을 떠올릴 때마다 온몸에 소름이 쫙 돋는다니까요."

아놀드는 정말로 고통스러운 얼굴을 하고 있었고, 러닝머신에 기대어 서 있는 그의 팔에는 그의 말대로 소름이 돋아 있었다.

헬렌의 원칙은 이렇다.

"모든 이들에게 늘 관대하고 친절하며 인정을 가져야 한단다. 우리는 모두 더불어 살아야 하는 존재니까."

영혼이 너그러워진다는 것은 세상 사람들은 모두 나름대로 최선을 다하며 살고 있고 사람들이 하는 모든 행동에는 그럴 만한 이유가 있다고 생각하는 것이다.

우리는 모두 다르다는 걸 잊어서는 안 된다. 세상을 보는 시각은 모두 다르기에 세상에 대해 반응하는 방식 역시 모두 제각각이다. 그런데 우리가 어떻게 다른 사람들을 자신의 기준에 맞춰 판단하고 비판할 수 있단 말인가?

친구이자 보험 회사의 중역인 로저는 내게 자신이 듣던 철학 수업에 대해 이야기한 적이 있다. 이 수업에서는 플라톤, 니체, 성경에서부터 힌두교의 경전에 이르기까지 다양한 철학서를 읽는 과제와 소그룹을 이뤄 철학자들이 남긴 글을 각자 이해한 후 서로 의견을 나누는 시간이 주어졌다.

"비교적 똑똑하고 교육 수준이 높은 사람들이 여덟 명 모였을 때는 대개 서너 가지 의견들로 나뉘어지기 마련이지. 우리는 "그건 너무 당연한 거 아닌가요? 어떻게 이토록 당연한 걸 다르게 해석할 수 있죠?"라고 말하며 때때로 열띠게 논쟁했지. 하지만 교수가 우리 논쟁에 개입하자 우리는 서서히 답이 꼭 하나일 필요는 없다는 걸 받아들이게 되었어. 어느 것이 맞고 어느 것이 틀리다고 할 수 없으며 다양한 의견들이 동시에 공존할 수 있다는 걸 깨닫게 된 거지."

유교의 세 가지 기본 덕목 중 가장 중심이 되는 것은 인仁이다. 인이란 정감情感을 의미한다. 2,500년이 넘도록 세계 인구의 대부분이 따르고 있는 철학 사상이 사랑과 선善, 그리고 보살핌이라는 소박한 개념에 기초하고 있다는 것이 흥미롭지 않은가?

인생을 사는 동안 우리는 때때로 갈림길과 마주치게 된다. 어느 방향으로 갈지 선택하는 것은 전적으로 자신의 몫이다. 너그러운 마음을 갖는 길이야말로 가장 확실한 선택이다. 내면에서 비판적이고 부정적이며 분노로 가득 찬 목소리가 들려올 때면 마음의 방향을 바꾸어 이렇게 생각해 보아라.

"너그러움의 길을 따라가 볼까?"

17

아이들을 놓아 주어라
Let Go of the Kids

세 명의 나이 든 여인들이 공원 벤치에 앉아 있었다.
한 명은 피로운 신음소리를 내고 있었고,
다른 한 친구는 옆에 앉아 한숨만 푹푹 내쉬고 있었다.
세 번째 여자가 그 두 사람을 바라보며 이렇게 말했다.
"자녀들 이야기는 이제 그만 좀 하자."

— 엘렌 J. 랑거, 〈마음챙김〉 중에서

인생을 8년 더 살 수 있는 따끈따끈한 비결을 공개한다. 그건 바로 자녀들에게 유산으로 남길 돈을 세계 여행을 하는 데 다 써 버리는 것이다. 중요한 것은 우리가 장성한 자녀들의 일에 적당히 관심도 갖는 동시에 우리 스스로의 인생도 즐길 줄 알아야 한다는 점이다. 즉 둘 사이의 균형을 맞추는 것이 중요하다.

미국과 유럽에서 이루어진 연구에 따르면 자기 인생을 충분히 즐기며 활동적이고 독립적으로 살아가는 부모들이 자식들에게 의지하여 살아가는 부모들보다 훨씬 더 건강하고 오래 산다고 한다. 다시 말하면 자식들 중심으로 인생을 사는 것은 자녀의 행복뿐만 아니라 스스로의 건강을 해칠 수 있다는 말이다.

빌과 나는 아이들을 다 키웠다고 생각한다. 우리는 최선을 다해 아이들을 키웠고 이제는 그만 해도 될 때가 되었다. 아이들이 우리의 충고 없이는 인생을 제대로 살지 못할 거라고 생각하는 건 아이들을 모욕하는 것이다.(물론 가끔은 충고를 하고 싶어 입이 근질거리는 걸 참아내기가 너무 힘들 때가 있다!) 나는 시댁 식구들을 너무나 사랑하는데 그분들은 우리가 의견을 구하지 않는 한 절대로 우리에게 이래라저래라 간섭하려고 들지 않으셨기 때문이다. 그렇지만 내 시어머니 헬렌은 어느 날 눈을 빛내며 이렇게 고백하셨다.

"우리는 충고하고 싶을 때마다 입을 다물기 위해 혀를 깨물며 노력해야 했단다."

자녀들과 가깝고 친밀한 사이를 유지하는 동시에 적당한 거리를 두기란 쉽지 않은 일이다. 아마도 우리는 자녀들에게 꼬치꼬치 캐묻거나 불필요한 충고를 하지 않은 채 그저 자녀들의 이야기에 귀를 기울여 듣기만 하는 것이 너무나 어렵다는 사실에 백배 공감할 것이다.

내 친구 리치 교수와 예술가인 카렌 부부는 이렇게 말했다.

"하지만 우리는 자녀들과 여전히 친밀하게 지내. 전화로 늘 이야기를 주고받지. 아직은 그 아이들과 거리를 둘 때가 아닌 것 같아. 그 애들은 모두 아직 이십대인데다 결혼도 안 했고 이제 막 일을 시작했거든. 그 애들에겐 우리 도움이 필요하지 않겠어?"

물론 자녀들은 나이와 상관없이 부모가 뒤를 받쳐 준다면 도움이 된다. 중요한 것은 리치와 카렌은 늘 새로운 일에 도전하며 인생을 열정적이고 만족스럽게 살고 있다는 점이다. 이들은 자녀들에게 의지하거나 자녀들의 인생에만 관심을 쏟으며 살지는 않는다.

장성한 자녀들이 때론 힘든 시기를 맞을 때도 있다. 우리는 이미 인생의 굴곡을 겪어 왔고, 특히 힘든 일을 겪어내면서 더욱 성숙할 수 있었다. 우리는 모두 아프면서 성숙하는 법이다. 그러니 자녀들이 힘들 때 자녀들과 함께 그 고통을 또다시 견뎌 낼 필요는 없다. 자녀가 이혼하거나 직장을 잃거나 중년의 위기를 맞을 수도 있고 그러면서 자녀들은 고통스러워 할 것이다. 우리 역시 마음이 아플 것이다. 하지만 우리에게 자녀들의 인생에 닥칠 일을 막을 방도는 없으며, 우리가 나서서 막아 보려 한들 모두에게 상처만 남길 뿐이다. 자녀들이 힘들 때 이들을 사랑하고 염려하며 적극적으로 공감해 주어라. 하지만 자녀들의 인생은 자녀들의 몫으로 남겨라. 사랑이란 또한 놓아주는 것이다.

우리는 이미 수십 년 동안 자녀들에게 충분한 열정과 시간을 바쳤다. 이제는 자신의 인생에서 새로운 목표를 찾을 때다. 우리의 가슴을 뛰게 만드는 사람들과 일을 찾아 시간과 에너지, 지식과 열정을 혼신의 힘을 다해 쏟아 부어라! 지금이 바로 날개를 펼치고 날아오를 때이다.

18
매력을 발산하라
You Can Always Be Attractive

넘쳐흐르는 것이야말로 진정한 아름다움이다.
―윌리엄 블레이크

내 친구 로즈 앤은 스물여덟 살 된 아들이 있다. 아들은 골프 프로로 일하면서 남녀노소를 막론한 다양한 사람들을 만날 기회가 많았다. 어느 날 그녀는 아들에게 자신이 늙어가고 있으며 얼굴도 예전 같지 않아 걱정이라고 투덜거렸다. 그러자 아들은 이렇게 말했다.

"엄마, 여성들은 성격이 좋고, 헤어스타일이 깔끔하고 날씬하기만 하면 나이와 상관없이 다 보기 좋던데요."

물론 남자들도 그렇다. 마음씨가 너그럽고 깔끔한 헤어스타일에, 몸매가 좋다면 나이와 상관없이 멋져 보인다. 즉 우리는 나이와 상관없이 늘 매력적일 수 있다. 우리는 대체로 나이를 먹으면서 살이 찌는 경향이 있지만 그게 무조건 나쁜 것만은 아니다. 너무 말라도 나이 들어 보이는 법이다. 가장 바람직한 건 얼굴과 몸에 적당히 살이 붙어 딱 좋아 보일 정도의 몸매를 유지하는 것이다.

무엇보다도 적당한 몸매를 유지하는 비결은 허리를 쭉 펴고 자신감 있는 태도를 갖는 것이다. 그러면 훨씬 더 생기 있고 활기차 보인다. 꾸준한 운동으로 몸과 정신이 자신감 있고 충만해 있을 때 진정한 매력이 발산되는 법이다.

살이 축 처진 게 영 거슬린다면? 재정적으로 큰 무리가 없다면 성형수술로 약간 손을 보는 것도 나쁘진 않다. 머리색을 바꿔서 더 젊고 보기 좋아진다면 염색도 시도해 보자. 허영심은 때론 건강한 측면도 있는 법이다. (일례로 우울증이 오면 외모 따위는 신경 쓰지 않게 된다.) 스스로에 대한 이미지는 우리에게 매우 중요하다. 모든 영역에서 자신의 잠재력을 최대한 발휘하고자 노력하는 일은 건강하고 활기찬 삶을 사는 열쇠이다.

하지만 무엇보다도 가장 큰 매력은 내면에서부터 나온다. 우리가 좋아하는 일을 하고 늘 운동하고, 좋은 식습관을 갖고, 인간관계를 잘 가꾸어 나가며, 늘 긍정적으로 생각하고 자신을 만족스럽게 생각한다면 우리는 훨씬 더 멋져 보일 것이다.

이렇게 해 보자.
- 자신이 알고 있는 사람 중 내면이 성숙한 동시에 멋지고 매력적인 사람의 이름을 적어 보자.

- 이제 매력을 찾아볼 수 없는 사람들의 이름을 적어 보자.(병을 앓고 있거나 힘든 일이 닥쳐 괴로워하는 사람들의 이름은 제외해도 좋다.)

앞에서 쓴 이름 옆에 각각의 항목에 해당되는 내용에 체크해 보아라.

1. 규칙적으로 운동한다.

2. 체중관리를 한다.

3. 건강하고 균형 잡힌 식사를 한다.

4. 매사에 긍정적이다.

5. 다른 사람들을 진심으로 염려한다.

6. 봉사활동을 한다.

7. 인간관계를 중시하고 좋은 인간관계를 가꾸어 나가려고 노력한다.

8. 다양한 취미생활과 여러 가지 활동을 통해 늘 생기 있고 적극적인 마음가짐을 유지한다.

9. 마음이 너그럽고 착하다.

이제 가장 많은 항목에 체크된 사람들의 이름을 찾아보자. 특정한 패턴이 보이지 않는가? 두 그룹 사람들의 차이가 보이는가? 위에서 제시된 항목 이외에도 두 그룹 사이의 다른 차이점을 한번 생각해 보아라.

우리가 성숙하고 나이를 먹을수록 육체적 특징들은 우리의 매력을 결정짓는 핵심 요소가 되지 못한다. 대신 우리가 어떤 사람이고, 어떤 인생을 사느냐에 따라 우리의 매력이 결정되는 것이다.

아름다운 행동을 하면
아름다움은 자연스럽게 뿜어져 나온다.
— 작자 미상

19
받아들이는 태도를 결정하라
You Can Choose How to React

하느님, 제가 바꿀 수 없는 것들은
그대로 받아들일 수 있는 평온함을,
바꿀 수 있는 것들은 바꿀 수 있는 용기를,
그리고 이 둘 사이의 차이를 아는
지혜를 허락하소서.
— 평온함의 기도

위기가 닥쳤을 때 제정신을 차리지 못하고 허둥지둥 대처한 후 나중에 후회한 적은 없는가? 우리는 모두 그런 경험을 해 본 적이 있을 것이다. 하지만 우리는 특정 상황에 처했을 때 좀더 적절히 대응하는 법을 배울 수 있다. 최악의 상황에서도 우리는 스스로가 그 상황을 어떻게 받아들일지 선택할 수 있다.

이웃에 사는 수와 루스는 수년 동안 저축하고 계획한 끝에 마침내 꿈에 그리던 자신들만의 집을 지어 살게 되었다. 몇 달 후 어느 토요일 아침, 이들이 등산을 마치고 집으로 돌아왔을 때 물이 폭포수처럼 콸콸 쏴아! 하고 넘쳐흐르는 소리가 들렸다. 이들은 깜짝 놀라

물이 발목까지 차오른 집안을 첨벙거리며 돌아보았다. 천장에서 물이 흘러내려 가구와 카펫, 가족사진을 흠뻑 적시고 있었다. 2층에 올라가 보니 깨진 파이프 사이로 온수기의 물이 콸콸 흘러나오고 있었다.

수는 루스를 바라보며 깊이 한숨을 내쉬고 이렇게 말했다.

"자, 선택을 해 봐요. 아무도 다치지 않았고 우리는 보험에도 들어 있어요. 우리는 지금 이 상황에 망연자실하며 멍하니 있을 수도 있고, 이 상황을 하나의 도전 과제라고 생각하고 우리가 지금 해야 할 일을 할 수도 있어요."

그리고 나서 그들은 그 상황에서 해야 할 일을 했고, 주위에 마음 좋은 인부들을 뒀다는 사실에 기뻐하기조차 했다. 그리고 집의 외벽이 완전히 해체되는 동안에는 외식을 하러 나갔다.

친구들과 이웃들은 그토록 기막히고 혼란스러운 상황에서 어떻게 그리도 담담하게 행동할 수 있는지 의아해했다. 하지만 이렇게 생각해 보자. 수와 루스는 자신들이 그 상황을 어떻게 받아들이냐 하는 것은 전적으로 선택의 문제라는 걸 알고 있었던 것이다. 어떤 선택이 가장 합리적일까?

나쁜 상황이 닥쳤을 때, 그 상황에 압도당해 마냥 분노할 수도 있지만, 반면 그 상황에서 해야 할 일을 찾아 담담히 함으로써 자신의 인생을 살 수도 있다.

이렇게 해 보자.

1. 최근에 가장 힘들었던 상황은 무엇이었는가? 당시의 상황에서 자신이 원하는 모습으로 바람직하게 대처하는 스스로의 모습을 떠올려 보자. 어떤가? 그렇게 행동하는 것이 더 나은 선택인가?

2. 힘든 일이나 위기가 닥쳤을 때 어떤 태도를 취할지는 스스로 결정할 수 있다는 걸 스스로에게 인지시켜라. 걷잡을 수 없을 정도로 감정적이 되더라도 일단 생각을 멈추고 합리적인 방향으로 생각을 바꾸어 이렇게 자문하라.
"이 상황에서 내가 어떻게 하는 것이 가장 긍정적이고 효과적일까?"

우리는 모두 부족한 인간이다. 그렇기에 우리는 늘 과거를 되돌아보며 '그 상황에서 다르게 대처했다면 더 좋았을 텐데' 라는 후회를 하기 마련이다. 하지만 우리가 우리 안에 있는 거대한 힘을 인지한다면 우리는 경험을 통해 배울 수 있다. 그러다 보면 우리는 모든 것은 자신이 믿는 대로 이루어진다는 태도로 평정심을 갖고, 그 상황에서 어떻게 대처할 것인지를 선택할 수 있게 된다. 이런 상황에 닥쳤을 때 자동적으로 이성적이며 평온한 마음을 지니도록 미리 프로그래밍을 해놓을 수 있기 때문이다. 그렇게 했을 때 우리 앞에 놓인

상황은 마치 기적이라도 일어난 듯 바람 빠진 풍선처럼 초라해 보일 것이다.

　기억해 두어야 할 점은 상황에 어떤 식으로 반응할지 결정하는 사람은 오직 자기 자신뿐이라는 것이다. 우리 인생에 닥친 도전과제들은 우리를 압도할 수도 있고, 성장을 위한 디딤돌이 될 수도 있다. 선택은 자기 자신의 몫이다.

자기 자신을 완전히 아는 것만큼
위대한 승리는 없다.

20

자신만의 길을 걸어라
Beyond Conformity

> 다른 사람을 모방하기만 해서는
> 우리에게 주어진 힘을 충분히 발휘할 수 없다.
> ─ 작자 미상

대부분의 사람들은 사춘기 시절 다른 아이들에게 좋은 인상을 심어 주고 그들과 친구가 되기 위해 노력했던 기억이 있을 것이다. 유행에 맞는 옷을 입고 상황에 맞는 적절한 행동을 해서 다른 아이들이 자신을 '멋진 아이', 적어도 '괜찮은 아이'라고 생각해 주기를 간절히 바랐을 것이다.

인생의 중반을 넘어선 지금도 우리는 여전히 다른 사람들이 하자는 대로 따라야만 한다는 적지 않은 압박감을 느끼고 있다. 친구나 가족, 일터와 교회, 그리고 각종 모임에서는 당신의 옷 입는 방식에서부터 사고방식, 행동 양식까지 그들만의 방식으로 당신을 묶어 두려고 암묵적으로 강요하고 있으며, 그럴 때마다 우리는 어딘지 불편한 느낌이 들었을 것이다.

하지만 우리가 진정한 성장을 이루려면 다른 이들을 따라가며 사는 인생에서 벗어나 자신의 행동을 스스로 결정하며 살아야 한다. 다른 사람을 모방하기만 해서는 결코 우리에게 주어진 힘을 펼칠 수 없기 때문이다. 우리는 명성이나 외모, 지위, 다른 사람들의 선망보다는 자기 자신이 세운 기준을 만족시키면서 살 때 더 성숙할 수 있다. 성숙이란 '대부분의 사람들'이 하는 말을 진실이라고 믿고 따르는 데서 벗어나, 다양한 관점으로 주의 깊게 판단한 후에 자신만의 기준을 만들어 나가는 과정이다. 이는 또한 우리의 가면과 겉치레, 허황된 자존심을 벗어 던지고 진정성을 갖춘, 고유하며 순수한 자기 자신이 되는 것을 뜻한다.

내 남편 빌의 친구들과 동료들이 한창 골프에 빠져 있던 때가 있었다. 빌은 얼마 동안 그들에게 휩쓸려 자신도 골프를 시도해 보았지만 골프에서 어떤 열정도 느끼지 못했고, 심지어 매주 있는 골프 경기를 두려워하기 시작했다. 사실 빌은 하이킹이나 독서 등 자신이 진정 원하는 일을 하며 시간을 보내고 싶었던 것이다. 결국 그는 자신에게 솔직해지기로 했다. 골프를 그만 두고 자신에게 더 맞는 일을 선택한 것이다.

덴마크의 철학자 키에르케고르Kierkegaard는 이렇게 말했다.

"스스로 선택하지 못하고 진정한 자기 자신으로 살지 못할 때 사람들은 절망을 느낀다. 가장 깊은 절망은 자기 자신이 아닌 다른 사람으로 사는 것이다."

　이렇게 생각해 보자. 우리의 지문과 유전자, 성격과 사고방식, 능력과 관심사는 모두 우리 자신만의 것이다. 이 세상 어디에도 우리와 똑같은 사람은 없다. 우리는 모두 유일무이하고 특별하다. 자신만의 가치를 소중히 여기고 지켜줘야 한다. 진정한 자기 자신을 찾기 위해서는 이 사실을 꼭 기억하기 바란다.

　진정한 자기 자신으로 살기 위해서는 다른 사람들이 가는 길을 그대로 따라가지 마라. 스스로의 몸과, 마음, 영혼에서 발휘되는 지혜를 적극적으로 갈고 닦아 자신만의 길을 걸어라.

　우리 대부분은 세상에 순응하며 살라고 배웠을 것이다. 물론 순응하며 살 필요도 있다. 조화로운 사회를 이루기 위해서는 정해진 법과 질서를 지키고 서로 배려해야 한다. 일터나 가정, 모임 등과 같은 대부분의 삶의 영역에서 정해진 규칙을 따르며 마찰 없이 살아야 한다. 하지만 순응의 장점은 딱 거기까지다.

- 진정한 자기 자신이 되어라. 거기서부터 마법이 시작된다.
- 자신만의 삶의 방식을 갈고 닦아라!
- 다른 사람을 따라야만 한다는 생각을 버리고 진정한 자기 자신을 내보여라. 아름답고 멋지게!

7,80대의 나이에도 불구하고 활기찬 삶을 사는 나이 든 여성들에 관한 연구를 한 세실 허위치 박사는 이들 여성 대부분이 지금이 과거 어느 때보다도 인생에서 가장 멋진 시기라고 답했다고 했다. 허위치 박사는 이 여성들이 사회가 나이 든 여성들에 대해 관습적으로 규정한 행동양식을 따르기를 거부한 채 자신만의 독자적인 길을 활기차게 걷고 있다고 말했다. 여기서 뭔가 느껴지는 게 없는가?

  이렇게도 생각해 보아라. 만약 당신이 다른 사람을 따라하고 싶다면 누구를 따라해야 할까? 미국 전역의 중년 남성과 여성 대부분이 고혈압 환자라면 당신도 그래야만 할까? 우리가 다른 사람들을 따라하고 싶다면 우리가 따르고 싶은 사람들은 누구이며 어떤 면을 따라야 할지 좀더 신중해져야 하지 않을까?

  우리는 모두 다르다. 세상 모든 사람에게 인정받을 수는 없으며 세상 사람들을 백퍼센트 만족시킬 수 있는 사람은 없다. 가장 중요한 것은 자기 자신을 만족시키는 것이다. 진정한 자기 자신으로 살고, 또한 자신이 원하는 사람이 되라. 유일하고 고유한 자신을 드러내 보라. 바로 지금 시작하라. 지금 안 하면 언제 하겠는가?

우리는 우리에게 주어진 특별한 일을
해내기 위해 존재하나니
그 일은 바로 누구에게도 구속되지 않는 것이다.
— R. 치얼스틴 다이엔사이

21

흐름에 몸을 맡겨라
Go With the Flow

> 비가 오면 비를 맞아라.
> ─작자 미상

몇 년 전 우리는 아홉 살 난 아들 마크를 데리고 산에 간 적이 있다. 우리는 물살이 센 바위투성이 개울가에 멈춰 쉬기로 했다. 빌과 나는 옆에서 놀고 있는 마크를 보며 쉬고 있었다. 우리는 갑자기 마크가 쏜살같이 미끄러져 거센 물살 속으로 풍덩 빠지는 걸 봤다. 우리는 깜짝 놀라 마크를 구하러 달려갔다. 틀림없이 바위에 부딪칠 거야! 하지만 우리가 둑에 도착했을 때 마크는 바위에 전혀 부딪히지 않고 물을 따라 둥둥 떠내려온 나뭇잎마냥 행복하고 평온해 보였다. 마크는 곧 낄낄대며 둑 위로 기어오른 후, 다시 한 번 신나는 모험을 즐기기 위해 깡충깡충 뛰어올라가는 것이었다.

이 경험은 내게 있어 인생의 은유와도 같았다. 화나고 흥분되는 일이 생길 때마다 나는 마음을 편하게 갖고 문제투성이의 바위들을 피해 둥둥 떠내려가는 모습을 마음속으로 그려 보곤 한다.

우리는 일터에서나 친지들 중에서 늘 다투기 좋아하고 비판적이며 남을 지배하고 싶어하는 사람들을 알고 있을 것이다. 이런 사람들과 같이 있는 것은 곤욕스럽기 짝이 없다. 이런 사람들을 달래거나 설득하려고 애써 봤자 아무 소용이 없다. 우리가 할 수 있는 최선의 방법은 마음을 편하게 갖고 그들의 일이나 행동 방식에 신경 쓰지 않고 그들 사이를 유유히 흘러가는 것이다. 현실적으로는 그렇게 할 수 없더라도 정신적, 감정적으로는 시도해 볼 만한 일이다.(24장을 참고하라.)

흐름에 몸을 맡기기 위해서는 분노나 공포, 죄의식, 시기와 같이 우리의 정신을 좀먹고 우리의 기운과 행복을 빼앗는 어둡고 부정적인 생각과 감정들을 흘려보내야 한다. 나는 부정적인 생각이 들 때마다 이렇게 말하곤 한다. "이 생각들을 좀 정리해 봐야겠어." 하지만 정리 과정이 너무 길어지면 나는 방향을 바꾸어 부정적인 생각들을 피해 유유히 떠다니는 상상을 한다. 그런 후에는 다시 긍정적이고 건설적인 생각으로 돌아올 수 있게 되는 것이다.

심리치료사인 테레사와 심장학자인 벤 부부의 집은 선거 때만 되면 전쟁터로 변하곤 했다. 둘 다 정치적 성향이 너무나 확고했으며 한 치의 양보도 없었다. 아내는 열렬한 민주당 지지자인 반면 남편은 공화당 지지자였다. 이들은 후보자 및 정치적 이슈에 이르기까지 사사건건 논쟁을 벌이곤 했다. 그러던 어느 아침, 여느 때보다 격렬한 언쟁을 한바탕 벌인 후에 벤은 툴툴거리며 일터로 갔고 테레사는 샤워를 하기 시작했다. 아직도 화가 식지 않아 거칠게 머리를 바득바득 문지르던 그녀는 문득 이런 생각이 들었다. '벤이 내게 자기 생각을 강요하지 않았으면 좋겠어. 그런데 내가 무슨 권리로 내 생각을 벤에게 강요할 수 있겠어?' 이 생각은 테레사에게 일종의 계시이자 깨달음이었다.

잠시 후 테레사는 벤에게 전화를 걸어 함께 저녁을 먹기로 약속했다. 촛불이 밝혀진 테이블에 앉아 파스타를 먹으며 그녀는 자신이 느낀 바를 이야기했다. 벤 역시 그녀의 말에 열렬히 공감했다. 그 이후, 두 사람의 결혼 생활은 한 단계 더 성숙해졌고, 이러한 깨달음은 이들이 인생에서 만나는 모든 사람들과의 관계까지도 변화시켰다.

다른 사람들의 생각 또한 일리가 있다는 사실을 받아들이길 거부하며 자신의 생각만이 옳다고 고집스럽게 매달리는 것은 본질적으로 바위와 부딪치며 사는 것과 같다. 인생에 절대적 진실이란 거의 없다. 그렇기에 흐름에 맡긴 채 새로운 사고방식에 마음을 여는 유연하고 느긋한 태도를 가질 때 우리는 배우고 성장할 수 있다.(우리가 배우는 것을 멈출 때 우리는 늙기 시작한다는 걸 기억해라!)

존 메이너드 케인스John Maynard Keynes(영국의 경제학자 – 옮긴이)는 이런 말을 남겼다.

"변화에서 가장 힘든 것은 새로운 것을 생각해내는 것이 아니라 이전에 갖고 있던 생각의 틀에서 벗어나는 것이다."

과거에 뭔가를 시도했는데 아무리 노력해도 해결이 나지 않았던 적이 있는가? 리사의 경험을 살펴보자. 리사와 세 친구들은 함께 멕시코로 겨울 휴가를 떠나기로 작정하고 몇 주 동안 어렵사리 논의한 끝에 마침내 날짜를 정했다. 하지만 이내 코쥬멜Cozumel(멕시코의 동부에 있는 도시 - 옮긴이)로 갈 것인지, 마사틀란Mazatlan(멕시코 서부에 있는 도시 - 옮긴이)으로 갈 것인지, 콘도에 묵을 건지, 호텔에 묵을 건지에 대해 또다시 기나긴 논쟁이 붙었다. 리사는 이 상황이 마치 거센 물살을 거슬러 헤엄치고 있는 것 같은 느낌이 들었다. 그래서 그녀는 슬그머니 빠져나와 오랜 친구 중 한 명에게 연락해 하와이로 여행을 떠났고, 거기서 아주 멋진 시간을 보냈다.

이따금씩 아무리 노력해도 제대로 되지 않는 느낌이 든다면 목표를 다시 한 번 점검하거나 잠시 동안 그 일에서 손을 떼 버려라. 아니면 더 자연스러운 방향을 찾아보는 것도 좋다. 직감에 귀를 기울여라. 강을 거슬러 올라가지 마라. 되지도 않을 일과 씨름하면서 에너지를 낭비하지 마라. 뭔가를 거스른다는 느낌이 든다는 것은 우리가 그 일을 해 봤자 결국 좋을 게 없다는 걸 알려 주는 신호일지도 모른다.

이렇게 해 보라.
- 눈을 감고 인생에서 자신이 도저히 해결할 수 없을 것 같은 문제

를 떠올려 보아라. 숨을 깊이 내쉰 후, 온몸의 힘을 빼고 편안한 마음으로 자신이 문제들과 부딪치지 않고 흐름에 몸을 맡긴 채 둥둥 떠다니는 모습을 마음속에 그려 보아라. 그리고 몇 분간 평화롭고 고요한 느낌을 즐겨 보라.

- 그 외에도 어떤 경우에 마음을 편히 갖고 흐름에 맡기는 것이 인생에서 도움이 될까? 생각나는 대로 적어 보라.

PART 04

성장하는 습관

Habits of Growing Adults

22

마음챙김
Mindfulness

> 우리가 늘 하는 행동이 바로 우리 자신을 만든다.
> 뛰어남은 처신이 아니라 습관에서 나온다.
> — 작자 미상

스물한 살의 에릭은 어머니가 저녁 식사거리로 햄을 다듬는 모습을 지켜보고 있었다. 그런데 어머니는 늘 햄을 오븐에 집어 넣기 전에 한쪽 끝을 주의 깊게 잘라내는 것이었다. "끝부분을 왜 잘라내나요?" 에릭이 묻자 어머니는 이렇게 대답했다. "네 할머니가 늘 그렇게 하셨거든." 나중에 에릭은 할머니에게 그 이유를 물어보았다. 그러자 할머니 역시 "우리 어머니가 늘 그렇게 하셨지"라고 대답했다. 에릭은 마침내 그의 증조할머니에게 가서 그 이유를 여쭈어 보았다.

"맞아, 난 늘 햄 한쪽 끝부분을 잘라냈지. 왜냐하면 햄을 온전히 넣을 수 있을 만큼 커다란 프라이팬이 없었거든."

바로 이것이 마음챙김mindfulness과 정반대되는 행동이다. 마음챙김이란 자신이 하는 일과 그 일을 하는 이유에 늘 주의를 기울이는 것을 의미한다. 이는 잠시 뒤로 물러서서 자기 자신을 객관적으로 바라보며 '이렇게 하는 게 가장 좋은 방법일까?' 또는 '이것 말고 더 나은 대안이 있을까?' 라고 생각하는 태도를 중시하는 걸 말한다.

하버드 대학의 심리학자인 엘렌 랑거Ellen Langer는 그의 저서 〈마음챙김mindfulness〉에서 1985년 플로리다 항공의 비행기 추락사건은 부주의함 때문에 일어났다고 말한다. 어느 추운 날 워싱턴 D.C.에서 플로리다로 가는 여객기가 출발하기 전에 조종사와 부조종사는 점검을 하고 있었다. 하지만 이들은 늘 따뜻한 날씨에서만 비행을 해 왔기 때문에 습관적으로 방빙장치(항공기의 빙결을 막는 장치로서 비행 중인 항공기의 프로펠러·기화기·바람막이·날개·공기입구 등에 얼음이 붙는 것을 막아준다-옮긴이)를 꺼두었다. 그 장치를 꺼둔 채 추운 날씨 속에서 비행한 결과 74명의 귀중한 생명이 목숨을 잃었다.

마음챙김이란 현재에 온전히 집중하는 것이다. 이는 자동조종장치를 작동시키는 대신 자신이 말하고 행동하고자 하는 일에 정신을 똑바로 차리고 신경 쓰는 것을 의미한다.(물론 신발을 신는 것과 같은 일상적인 일은 자동적으로 해야 할 때도 있다.)

우리는 언쟁을 위한 언쟁을 하는 사람들을 대할 때 자신도 모르는 사이에 어리석음의 늪에 빠질 수 있다. 즉 자신이 미처 깨닫기도 전에 어느덧 불쾌하고 밑도 끝도 없는 싸움에 깊이 관여되어 옴짝달싹 못하게 되어버리는 것이다. 이는 마치 냄비 속의 개구리 이야기와 비슷하다. 개구리를 미지근한 물 속에 집어넣고 약한 불로 서서히 익히면 개구리는 자신이 익는 줄도 모르고 물속에 머무르다가 결국 죽게 된다. 하지만 개구리를 펄펄 끓는 물에 바로 집어넣으면 곧바로 튀어나온다. 이처럼 서서히 일어나고 있는 일에 주의를 기울이지 않음으로써 결국 펄펄 끓는 물속에서 오도 가도 못하게 되었던 적은 없는가?

　이렇게 해 보자. 바로 지금 시작하라! 그리고 하루에도 몇 번씩 정기적으로 스스로에게 다음과 같이 물어보라.
- 나는 이걸 왜 하고 있는가?
- 이렇게 하는 것이 가장 좋은 방법인가?
- 이걸 다른 방식으로 할 수는 없을까?
- 이걸 습관적으로 하고 있지는 않는가?
- 나는 지금 온정신을 쏟고 있는가?

23

내면의 소리에 귀를 기울여라
Listen to Your Feelings of Dissonance

우리는 스스로에게 가장 큰 소리로 거짓말을 한다.
— 에릭 호퍼

시내에 있는 한 공공건물에서 엘리베이터를 기다리던 44세의 론은 옆에서 함께 엘리베이터를 기다리던 젊은 두 남자를 보았다. 이유는 알 수 없었지만 론은 그들을 보자마자 왠지 불편한 생각이 들었다. 그래서 엘리베이터가 도착했을 때 그는 재빨리 뒤로 물러서서 남자들이 먼저 엘리베이터에 타는 걸 지켜본 후 자신은 타지 않았다. 얼마 후 그는 한 여행객이 바로 그 엘리베이터에서 강도에게 습격당했다는 소식을 듣게 되었다.

　내면에서 울려 퍼지던 불쾌한 감정의 신호가 론을 구한 것이다. 나중에 그는 당시의 상황을 되새겨 보았다. 두 남자는 길이가 긴 헐렁한 레인코트를 입고 있었고 한 사람은 주머니에 손을 넣은 채 안절부절못하고 있었다는 것이 기억났다. 둘 다 왠지 초조해 보였다. 우리의 의식은 제대로 작동하는 데 시간이 걸리고 때로는 아예 작동하지 않기도 한다. 하지만 우리는 직관을 통해 우리가 놓쳐 버리기 쉬운 사소한 단서들을 본능적으로 포착할 수 있다.

우리를 불편하게 만드는 감정을 놓치지 마라. 이런 불편한 느낌은 우리의 인생이 뭔가 잘못되어 가고 있다는 걸 알려주는 신호일지도 모른다. 우리는 흔히 이런 신호들을 무시하는 경향이 있다. 우리는 자기 자신을 속이는 데 익숙하고, 자기 자신을 속이는 것이야말로 가장 쉬운 일이기 때문이다. 하지만 계속해서 마음의 신호를 무시한다면 결국에는 훨씬 더 큰 문제와 마주치고 말 것이다.

존은 수년간 전자공학 기술자로 일하면서 일을 무척이나 사랑했다. 그는 늘 도전적이었고 열정적이었으며 인정받고 있다는 자부심도 느꼈다. 그런데 마흔 살이 되던 해, 그는 갑자기 시큰둥해졌다. 하고 있는 일에 대해 불평하기 시작했고 열정을 잃었으며 더 자주 몸이 아팠다. 삶의 의미를 잃은 느낌이었다. 그는 지금 있는 회사의 관리직이 마음에 들지 않아서 그런 것이라는 판단을 내리고 다른 회사로 이직했지만 나아지는 건 조금도 없었다. 이직 후 1년간 그는 늘 만족스럽지 못했고 스트레스로 몸까지 상했다. 존은 자신이 처한 상황에 대해 진지하게 고민해 보기 위해 2주간의 휴가를 내기로 결심했다. 휴가 동안 그는 직업 관련서를 읽고 진로에 관한 상담을 받은 끝에 문제는 회사가 아니라는 걸 깨달았다. 문제는 자신이 전자공학에 대해 흥미를 완전히 잃었다는 것이었다. 스물네 살에는 전자공학 기술자가 천직이었지만 마흔이 된 지금에서는 그렇지 못했다. 그동안 그는 성장했고 또 변했다. 마흔이 된 그는 독립적으로 일하며 자신의 창의력을 펼쳐 보일 수 있는 환경을 절실히 원하고 있었다. 그는 일을 관두고 자신이 잘 아는 분야를 찾아 회사를 차렸다. 그 결과 그는 어느 때보다 행복한 삶을 살고 있다.

인생을 살면서 내면에서 불편한 느낌을 알리는 경고음이 울린다면 잠시 물러서서 객관적으로 생각해 보라.
- 대인관계가 점점 나빠지고 있는가?
- 직장에서 흥미를 잃었는가? 좋지 못한 평가를 받거나 하루하루가 두렵지는 않은가?
- 예전에 비해 정신적, 육체적으로 지쳤는가?
- 도전의식이 없고 정체되고 삶이 지루하지는 않은가?
- 금전의식이 너무 없어서 불안한가?

잠시 시간을 갖고 당신의 삶을 되돌아보아라. 내면의 소리가 들리지 않는가? 갈등과 긴장, 공포, 불안 같은 감정들은 인생에서 살아남기 위해 꼭 필요한 것들이다. 엘리베이터를 기다리던 론의 이야기를 통해서도 알 수 있지 않은가? 이런 감정들을 무시하지 말고 그 원인이 무엇인지 생각해 보아라. 그러면 해결점을 찾을 수 있을 것이다.

24
거리를 두어라
Learn to Disengage

우리의 생각이 우리의 인생을 만든다.
— 마커스 아우렐리우스

우리의 동의 없이는 누구도
우리에게 상처를 줄 수 없습니다.
— 엘리노어 루스벨트

일이나 사람 때문에 미치도록 화가 나는 상황을 겪은 적이 있는가? 생각과 감정이 억눌려지고, 그 괴물이 자신을 집어 삼키고 있다고 느낀 적은? 우리는 모두 그런 기분을 느낀 적이 있다. 그럴 때 우리는 어떻게 해야 할까?

우선 그 상황을 바꿀 수 있는 일은 모조리 다 해 보아라. 그렇게 했는데도 아무 소용이 없다면 이렇게 생각해라.

1. 우리는 다른 사람의 행동을 조종할 수 없다. 이전에도 늘 그랬고,

앞으로도 그럴 것이다.

2. 우리가 할 수 있는 건 오직 그 상황을 어떻게 받아들이냐 하는 것이다.

보험 회사의 중역인 로저는 내게 이런 이야기를 들려주었다.
"입사 초기에 나는 내 윗상사와 사사건건 다투곤 했지. 그 사람은 이제 막 자리 잡기 시작한 내 경력에 치명타를 끼치고 싶어했고, 또 충분히 그럴 수도 있는 사람이었어. 우리는 끝도 없이 격렬하게 부딪치곤 했어. 당시에 나는 대부분 내가 옳다고 확신했지만 마음 한 구석에서는 본능적으로 내가 승산 없는 싸움을 하고 있다는 걸 알고 있었지. 그러던 어느 날 갑자기 난 뭔가 깨달음을 얻고, 정말로 중요한 일이 아니라면 그와 싸우지 말아야겠다고 결심했어. 그랬더니 어떻게 되었는지 알아? 그날 이후 '정말 중요한' 문제는 단 한 번도 일어나지 않았지."

당신을 열받게 만드는 상황으로부터 자유로워지는 효과적인 방법을 소개한다.
- 마음속에 맞물려 돌아가는 두 개의 톱니바퀴를 떠올려 보자. 하나는 우리를 괴롭게 하는 사람이나 상황, 즉 문제점을 상징하고, 또 다른 톱니바퀴는 우리 자신을 의미한다.

- 문제를 상징하는 톱니바퀴가 꼬이면 그 반작용으로 우리 자신 역시 꼬이게 된다. 즉 문제가 우리를 지배하고 조종하게 되는 것이다.
- 이제 정신적, 감정적으로 문제의 톱니바퀴에서 스스로의 연결 고리를 떼어내고 자기 자신을 분리시켜라.
- 문제의 톱니바퀴가 다시 우리를 지배하려 들며 빙글빙글 도는 모습을 안전한 거리에서 지켜보아라.
- 문제의 톱니바퀴에서 완전히 벗어난다면 우리를 지배하고 있던 힘으로부터 자유로워지고, 자신의 힘을 되찾을 수 있을 것이다.

다른 사람이나 상황이 우리를 괴롭힌다면 우리는 인생의 주도권을 그들에게 빼앗기게 되는 것이다. 하지만 우리가 그 상황에서 스스로를 분리시킨다면 다시 우리의 주도권을 되찾을 수 있다. '정말 중요한' 문제들에 대해서만 싸우기로 결심한 로저처럼 우리도 우리를 붙들고 있는 문제들로부터 자유로워질 수 있다.

우리는 외적 통제위에서 내적 통제위로 우리를 변화시켜야 한다. 우리는 모두 우리가 어떻게 반응할 것인지를 스스로 다스릴 수 있는 내부의 힘을 갖고 있다. 물론 이러한 마음가짐을 갖기 위해서는 시간과 노력, 그리고 마음챙김이 필요하다. 하지만 우리는 모두 해낼 수 있다. 연습을 하면 할수록 더 쉬워진다. 그리고 곧 우리는 이 과정이 우리가 성장하는 데 가장 중요한 발걸음이 되리라는 걸 깨닫게 될 것이다.

　문제들로부터 스스로를 떼어내고, 우리 안의 힘을 당당히 내보여라!

25
창의성을 펼쳐라
You Can Become More Creative

자신이 불가능하다고 생각하는 일을
남이 시도하려고 할 때 이를 가로막아서는 안 된다.
— 작자 미상

창의성은 그림을 그리거나 시를 쓰는 것에 국한되어 있는 것이 아니다. 창의성은 생각의 방식이며 삶의 방식이기도 하다. 업무에서 번득이는 아이디어를 내거나, 아주 독특하고 재치 있는 음식을 만든다거나, 마음속으로 다양한 관점을 적용하여 이렇게도 저렇게도 생각해 보며 노는 것도 창의적인 행동의 하나이다.

우리는 모두 창의성을 타고났다. 어린 아이들이 노는 모습을 지켜보아라. 엄마 아빠 놀이도 하고, 상점 놀이도 하고, 가상의 친구와 괴물들도 만들어낸다. 이야기나 노래, 새 장난감을 만들어 내기도 한다. 창의성을 발휘할 때 더 신나고 열정적이 된다.

하지만 우리가 학교에 입학하면 우리가 가진 타고난 창의성은 쪼

그라드는 경향이 있다. 우리는 사실성과 정확성, 논리성을 갖추도록 교육받는다. 독특하고 창의적인 생각들은 때로는 황당하고 달갑지 않은 것으로 받아들여지기 십상이다. 학교에서 시키는 대로만 하는 아이들은 좋은 성적은 얻을지 모르겠지만 상상력은 빈약해진다.

우리가 배운 사고방식은 마치 스토브의 연통과 같다. 스토브 연통처럼 좁고 제한적인 사고방식 하에서는 하나의 문제를 푸는 데는 단 한 하나의 정답만이 있을 뿐이다. 여기에 창의적 사고가 끼어들 여지라고는 없다. '왜?' '만약에' '왜 아닌가?' 등에 대한 질문은 애초에 없는 것이다. 다시 말하면 우리는 모두 효과적인 생각을 하는 법을 배우지 못한 것이다.

슬픈 일이지만 우리는 성인이 되어서도 근무 환경에서 창의력을 억눌린 경험을 갖고 있을 것이다. 상황을 개선하기 위해 새롭고 독특한 제안을 냈을 때 무시당하거나 심지어 조롱당한 경험을 한 적은 없는가?

하지만 지금도 늦지 않았다. 나이와는 상관없이 우리는 더 창의적인 생각을 할 수 있다. 창의력을 기르는 데 가장 효과적인 방법은 브레인스토밍brainstorming을 하는 것이다. 브레인스토밍을 통해 우리는 더욱 유연하고 재빠르며 창의적인 생각을 할 수 있다. 뿐만 아니라 창의적인 사람일수록 정신적, 육체적으로 더 활기차고 능력 있고 건강한 사람이라는 연구 결과도 있다. 왜 그럴까? 우리의 모든 부분은 서로 연결되어 있기 때문이다. 창의성을 발달시킴으로써 한 부분을 변화시킨다면 인생 전체가 바뀌게 되는 것이다.

브레인스토밍은 세상에 답이 하나뿐인 것은 거의 없다는 사실을 우리에게 깨우쳐 준다. 최선의 선택을 하기 위해서는 결정을 내리기 전에 최대한 많은 선택지를 고민하는 것이 당연하지 않은가? 예를 들어 새 차를 산다고 해 보자. 무턱대고 아무 판매상에게 가서 차 한 대를 가리키며 "저 차를 사겠어요."라고 하는 것과 여기저기 알아보고 자동차를 여러 대 살펴 본 후에 결정하는 것 중 어느 것이 더 현명한 선택일까?

최근에 빌과 나는 '반짝 휴가'를 가기로 했다. "바닷가에 가자."라고 말하고 결정을 끝내는 대신 우리는 종이와 펜을 들고 우리가 생각할 수 있는 가능한 많은 아이디어를 떠오르는 대로 적어내려 갔다. 좀 색다른 내용도 있고, 그럴 듯한 내용도 있었다. 그리고 나서 우리가 각자 쓴 내용을 훑어보며 두세 가지 아이디어를 자유롭게 묶거나 변형시켜 보았다. 우리는 그 시간을 아주 즐겼다. 우리는 집에 앉아, 마치 호텔에 있는 듯한 상상을 하며 외식도 하고, 관광지나 박물관, 한 번도 가본 적이 없는 재미있는 쇼핑지도 찾아 나섰다. 우리는 메이드가 언제라도 이 방에 들어와서 깨끗이 정리를 해 줄 거라고 생각하며 침대 정리도 하지 않았다.(물론 메이드는 나타나지 않았다.)

브레인스토밍은 더 나은 해결책을 찾는 하나의 방법이다. 거의 모든 일류 회사에서는 정기적인 회의에서 브레인스토밍을 할 것을 권장한다. 또한 많은 회사들은 창의성 전문가를 고용하여 직원들에게 창의성 기법들을 교육하기도 한다.

몇 년 전 디에나는 브레인스토밍에 관한 워크숍에 참석했다. 디에나는 이 활동을 통해 브레인스토밍이 사고방식에 큰 도움이 될 뿐만 아니라 적용할 수 있는 분야가 아주 많다는 걸 깨닫고 매우 감격했다. 그녀는 가장 먼저 남편인 론과 어린 아들들에게 이 방법을 소개했다. 그 후, 디에나의 가족은 결정을 내려야 할 일이 있을 때마다 함께 모여 브레인스토밍을 했다. 점점 더 자질구레한 것들로 복잡해지고 있는 집을 어떻게 해야 할지 결정을 내리기 위해 그들은 다양한 아이디어를 내놓았다. 리모델링을 하자는 의견, 더 큰 집으로 이사를 가자는 의견, 그냥 이대로 살면서 다른 걸 하는 데 돈을 쓰자는 의견, 활용도가 떨어지는 가족실을 취미활동을 위한 공간으로 바꾸자는 의견 등 다양한 의견들이 쏟아져 나왔다.

이밖에도 그들은 휴가지를 결정하거나 저녁식사로 무얼 먹을지를 결정할 때도 브레인스토밍을 했다. 디에나와 론은 그러한 방식이 개인적으로도, 그리고 일터에서도 도움이 된다는 걸 깨닫게 되었다. 그리고 이제 열한 살, 열네 살이 된 디에나의 두 아들들도 다양한 방면에서 매우 창의적인 아이들로 자랐다. 디에나는 브레인스토밍을 통한 유연한 사고방식이 아이들에게 창의성을 길러 준 것이 아닐까 생각한다.

창의성에서 가장 중요한 요소는 새로운 생각에 열린 자세를 갖는 것이다. 처음에는 새로운 생각들이 황당하게 보일 수도 있고, 또 위협을 느낄 수도 있다.(4장을 참고하라.) 예를 들면 유럽인들은 천 년 동안 모든 천체들이 지구 주위를 돌고 있다고 믿었다. 하지만 코페르니쿠스는 그러한 믿음은 틀린 것이며 지구는 실제로 태양을 중심으로 돌고 있다고 주장했다. 교회를 비롯하여 모든 사람들은 일제히 분노했다. 코페르니쿠스는 창피와 굴욕을 당하고 처벌되었다.

우리가 새롭고 다소 낯설게 보이는 생각들에 마음을 열지 않는다면 우리는 개인적으로도 과학적으로도 한 걸음 더 나아갈 수 없다. 20세기 초에 진리라고 여겨졌던 과학적 사실들 중 오늘날까지 진실로 남아 있는 것은 거의 없다. 당시의 사람들에게 새로운 사고방식을 주장한 이들은 예외 없이 조롱받았다.

브레인스토밍을 통해 우리는 새롭고 낯선 생각에 대한 저항감을 벗어던질 수 있으며 생각에 브레이크를 걸지 않고 자유롭게 자신의 생각을 펼칠 수 있다.

브레인스토밍을 하는 법은 아주 쉽고 간단하며 또한 효과적이다. 혼자 해도 좋고 여러 사람들과 함께 해도 좋다.

1. 결정하고자 하는 문제를 하나 정해 질문을 던져라. 예를 들면 이렇게 질문해 보자.
   "나는 ~한 문제를 어떻게 해결할 수 있을까?"

2. 가능한 빠른 시간 내에 다양한 아이디어를 떠올려 보자. 황당한 것이라도 상관없다. 새로운 생각은 처음엔 터무니없는 것처럼 보이기 마련이라는 사실을 명심하고 떠오르는 모든 생각들을 적어라.

3. 제시된 내용들에 대해 비판하거나 비평하지 마라. 비판은 상상력을 제한하는 동시에 창의적 생각들을 무너뜨리는 행위이다. 마음속으로 비웃기라도 하는 듯 "이렇게 해 봤자 될 리가 없어." 라든가 "정말 멍청한 생각이군." "그건 벌써 해 봤잖아."라는 생각들을 차단시켜라. 일체의 판단을 유보하고 새로운 생각들이 자유롭게 떠오를 수 있도록 해라.

4. 가능한 많은 아이디어를 떠올려 보아라.

5. 생각이 더 이상 떠오르지 않는다면 잠시 물러앉아 앞에서 쓴 내용을 훑어보아라. 앞에서 쓴 내용을 마음껏 뒤집어도 보고, 결합하거나 고치거나 재배열해 보아라. 뜬금없는 생각일지라도 그 안에는 눈꼽만치라도 좋은 아이디어가 숨어 있을지 모른다. 마음껏 웃고 떠들며 이 과정을 즐겨라. 웃음은 창조성을 불러일으킨다.

6. 가장 멋진 아이디어를 골라라.

브레인스토밍은 빌과 내게도 아주 효과가 좋아서 우리는 습관처럼 그걸 한다. 우리는 업무상에서도 일상에서도 동료와 친구들, 가족들과 함께 브레인스토밍을 한다. 브레인스토밍을 하다 보면 다음과 같은 사실을 깨닫게 될 것이다.

- 더 효과적으로 살고, 생각하며, 일하는 데 도움이 된다.
- 더 똑똑하고 나은 결정을 하는 데 도움이 된다.
- 재미있다.

26
웃음의 힘
The Power of a Smile

중요한 건 상황 그 자체가 아니라
그 상황을 받아들이는 우리의 자세이다.

― 마커스 아우렐리우스

우리가 행복할 때 우리 주변의 모든 사람들 역시 행복해 보이고, 우리 기분이 축 처질 때는 다른 사람들도 축 처져 보인다는 느낌이 든 적이 있는가? 우리 얼굴 표정은 스스로의 기분뿐만 아니라 주변 사람들의 기분에도 영향을 미칠 수 있다. 즉 기분에는 전염성이 있다.

우리의 마음 상태가 얼굴 표정으로 드러난다는 건 누구나 아는 사실이다. 하지만 우리가 어떤 얼굴 표정을 짓느냐에 따라 마음 상태가 달라진다는 걸 아는 사람은 많지 않다. 우리가 웃을 때는 행복과 관련된 화학물질이 분비되고, 얼굴을 찌푸릴 때는 불행과 관련된 화학물질이 분비된다. 도저히 그럴 기분이 아니더라도 한번 웃음을 지어 보라. 훨씬 기분이 나아질 것이다.

이러한 연구 결과에 대해 읽은 후 나는 내 스스로 실험을 해 보기로 했다. 그 결과 나는 희미하게 미소 짓는 것만으로도 내가 기대했던 것 이상의 효과를 얻을 수 있었다. 놀랍게도 내가 의식적으로 웃음 지으며 기분 좋은 표정을 짓자, 내 주변의 사람들(심지어는 처음 보는 사람들까지도)이 더 따뜻하고 친절하며 유쾌한 사람이 된 것 같았다!

가장 놀라운 경험은 내가 백화점에서 주문한 결혼 선물로 혼란을 빚어, 이를 바로잡으러 갔을 때였다. 나는 백화점에서 결혼 선물을 산 후 상점에서 직접 당사자들에게 선물을 부쳐 달라고 요청했다. 하지만 얼마 지나지 않아 나는 내가 주문한 물건들이 모두 각각 다른 커플에게 배달된 걸 알게 되었다. 나는 도저히 전화로는 그 상황을 바로잡을 수 없어 직접 상점으로 찾아가야 했다. 나는 기분이 매우 상하고 화가 치밀어 오를 대로 올라 있었지만 한편으로는 바로 이때가 웃음 이론을 시험해 볼 최적의 기회라고 생각했다. 나는 기분 좋은 표정을 띄우고 점원에게 다가가 내 상황을 이야기했다. 내 목소리는 놀라울 정도로 평온하고 부드러웠다. 다른 점원에게 인도되었을 때도 나는 부드러운 표정을 유지했다. 문제가 더 이상 해결되지 않았지만 나는 여전히 상냥한 표정으로 지점장을 불러 달라고 말했다. 지점장은 나를 최고의 고객처럼 깍듯이 대접하며 모든 문제를 바로잡아 주었다. 그리고는 정중한 사과와 함께 주문한 물건의 가격을 깎아 주었다. 가장 놀랍고도 중요한 것은 이 과정을 거치면서 나는 나 자신을 포함한 누구에게도 과도한 스트레스를 주지 않았다는 점이었다. 내가 느꼈던 분노는 유쾌한 표정을 지어 보인 순간 말끔히 날아가 버린 것 같았다.

내가 부드럽게 미소를 지을 때마다 늘 좋은 결과가 뒤따랐다. 이는 내 인생을 크게 변화시켰고 다른 사람의 삶 역시 그렇게 변화될 수 있으리라 확신한다.

거울을 들여다보는 사람을 관찰해 본 적이 있는가? 사람들이 거울 속의 자기 자신을 볼 때는 좀 더 매력적이고 즐거운 표정을 짓는다. 하지만 거울에서 얼굴을 돌리는 순간 원래의 무뚝뚝한 표정으로 돌아온다. 이 사실을 통해 뭔가 느껴지는 바가 있지 않은가?

세상에서 가장 멋진 옷을 입고 있다 해도 다른 사람들은 당신의 옷이 아니라 표정에서 가장 큰 인상을 받는다. 즐거운 표정은 다른 사람들을 끌어당기지만, 찌푸린 표정은 사람들을 등 돌리게 만든다. 우리는 때로 생각에 깊이 잠겨 있거나, 무언가를 주의 깊게 들을 때 무심코 인상을 찌푸리기도 한다. 하지만 다른 사람들은 당신의 이러한 태도를 오해하고 부정적으로 받아들일 수도 있다. 연구 결과에 따르면 우리의 얼굴 표정은 주변 사람들의 피부 반응이나 심장 박동 등과 같은 신체적 변화를 일으킬 수도 있다고 한다. 즉 사람들은 우리의 얼굴 표정에 감정뿐 아니라 신체적으로도 반응한다는 것이다.

우리가 웃음 짓거나 즐거운 표정을 지을 때 우리 스스로도 기분이 좋아지며 다른 사람들 역시 기분이 좋아지고 우리를 더 좋아하게 된다. 그러니 습관적으로 즐거운 표정을 짓는 것이야말로 모두에게 좋은 일이 아닐까?

이렇게 해 보자.
- 즐거운 표정을 짓기 위해서는 이마와 눈, 입 주위의 근육을 이완시킬 필요가 있다. 가장 쉽게 할 수 있는 방법은 크게 심호흡을 하여 긴장을 푼 후에 웃음을 짓는 것이다.(재빨리 긴장을 풀 수 있는 가장 좋은 방법은 바로 심호흡이다.)
- 혹시 기분이 나쁘더라도 회의를 할 때나, 친구나 낯선 사람과 얼굴을 마주칠 때마다 웃어라. 우리가 웃으면서 다른 사람을 대한다면 상대방 역시 놀란 기색을 띠고는 이내 얼굴이 환하게 밝아지며 환영의 웃음을 지을 것이다.

웃음은 내적, 외적으로
놀라운 변화를 불러온다.

27
부드럽게 주장하라
Be Softly Assertive

좁게 보며 움츠러들면
세상에 도움이 되는 존재가 될 수 없습니다.
움츠리고 도망가봤자
우리의 가족과 형제들이 행복할 리 없습니다.
우리 모두는 우리가 가진 영광을
펼쳐 보이기 위해 태어났습니다.
그리고 우리 스스로를 빛나게 함으로써
우리 주위의 사람들도
자신만의 빛을 찾게 될 것입니다.

—넬슨 만델라

수와 루스 부부는 함께 사업을 하고 있었다. 어느 날 수는 사무실에서 일할 때, 남편이 사업 파트너이자 가까운 친구인 오린과 대화하는 걸 엿듣게 되었다.

"아내의 가장 멋진 점은 늘 자기 입장과 자기가 원하는 걸 정확히 안다는 거야. 그래서 아내와 함께 사는 게 얼마나 편하고 즐거운지 몰라. 그렇지 못한 사람과 산다면 얼마나 힘들겠어?"

수는 남편의 말을 듣고 솔직하게 자기주장을 펴는 일은 자기 자신뿐만 아니라 남편 역시 편하게 해 준다는 사실을 깨달았다. 또한 솔직하고 정직한 태도는 인생에서 만나는 모든 사람들과의 관계를 더 조화롭게 만들어 준다는 것도 알게 되었다.

나는 자기주장을 펴는 것이란 저울의 중간 지점을 찾는 것이라고 생각한다. 저울의 한쪽 끝은 꼭두각시처럼 다른 사람들에게 이리저리 조종당하며 사는 극도의 수동적인 태도이며, 반대쪽 끝은 다른 사람을 지배하려는 극도의 공격적인 태도이다. 이러한 극단적인 태도는 자기 파괴적인 동시에 주변 사람들 역시 힘들게 만들 뿐이다.

자기주장을 펴는 것이란 자신의 입장을 알고, 스스로가 원하는 것과 원하지 않는 것을 솔직하고 완곡하게 알리는 것이다. 수의 남편 루스가 그랬듯이, 이러한 태도는 자신뿐만 아니라 주변 사람들 역시 편하게 해 준다. 빌이 오랜 친구 던에게 "자네가 담배를 피우는 게 걱정돼." 라고 하자 던은 단호하게 이렇게 말했다.

"제발 그 얘기는 하지 말게. 나는 아이들과 친구들이 그 일에 대해서는 내게 간섭하지 말았으면 하네."

투덜거리지도, 화내지도, 싸우지도 마라. 그저 솔직하면 된다.

진정한 자기 자신이 되기 위해 당당히 자유를 요구할 때 주위 사람들도 그렇게 하도록 독려해 주어라. 그것이 바로 양쪽 모두 이기는 태도이다.

부부인 테드와 젠은 둘 다 바쁘고 힘든 직업을 갖고 있었으며 아이들이 둘 있었다. 열정적인 일이 늘 그렇듯이, 어느 순간 테드는 골프에 푹 빠지게 되었다. 그는 일주일에 세 번, 밤마다 친구들과 골프를 치러 갔고, 아내가 아이들을 재운 후에야 돌아왔다. 녹초가 된 젠은 남편에게 골프를 치러 나가지 말라고 말하는 것도 내키지 않았고 그렇다고 집안일과 육아의 부담을 혼자서만 지는 것도 싫었다. 마침내 어느 날 밤, 남편이 집에 돌아왔을 때 젠은 이렇게 말했다.

"테드, 내가 당신에게 골프를 치지 말라고 할 권리는 없어요. 하지만 내게도 나만의 시간이 좀 필요해요. 우리 서로 계획을 짜 봐요. 저녁시간에 한 주에 세 번은 내 취미 생활을 하고, 당신도 세 번 지금처럼 골프를 치러 가세요. 그리고 한 주에 한 번은 함께 보내도록 해요."

테드는 아내의 제안에 대해 잠시 동안 생각해 본 후 골프를 치러 나가는 횟수를 줄이기로 결심했다. 이 일은 23년 전에 있었던 일로 이들은 현재 여전히 행복한 부부생활을 하고 있다.

로라는 한 달에 최소한 두 번 정도 다른 도시로 날아가 강연을 하거나 회의에 참석하곤 한다. 그녀는 비행기를 타고 가는 시간을 활용해 일을 하고 싶었다. 그런데 한 번은 비행기에서 두 남자 사이의 중간 좌석에 끼여 앉게 되었는데, 이들은 이미 양쪽 팔걸이를 다 차지해 버린 상태였다. 그래서 로라는 이렇게 말했다. "제가 일할 공간이 모자라서 그러는데 팔걸이를 좀 나눠 쓰면 안 될까요?" 그리고는 통로 쪽에 앉은 남자에게 이렇게 말했다. "아니면 선생님께서 저와

자리를 바꿔 주신다면 제가 일을 할 수 있을 것 같군요." 두 남자는 로라에게 팔을 걸칠 공간을 만들어 주었을 뿐만 아니라 존경심을 갖고 그녀를 대했다. 그리하여 세 사람은 비행하는 내내 즐거운 시간을 보낼 수 있었다.

　나는 나보다 열 살 많은 오랜 친구이자 내 인생의 거울로 삼고 있는 폴라에게 소중한 가르침을 얻은 적이 있다. 크리스마스 기간에 나는 폴라와 폴라의 남편을 작은 디너 파티에 초대했지만 그녀는 감기에 걸려 몸이 좋지 않다고 말하며 내 제안을 거절했다. 나는 실망한 나머지 생각 없이 불쑥 이렇게 말했다. "폴라, 넌 왜 그렇게 자주 아픈 거니?" 그러자 폴라가 이렇게 대답했다. "네가 그렇게 말하니 내 마음이 너무 아파." 그녀는 친구로서 나를 믿고 있었으며 우리 관계를 진심으로 염려하는 마음에서 내게 그렇게 말했던 것이다.

　매력적인 작가이자 치료사인 베시는 전문가 모임이나 사회단체에 참가해 달라거나 위원회에서 일해 달라는 요청을 받곤 한다. 베시는 관심이 없는 제안을 받을 때, 사람들을 실망시키지 않기 위해 선의의 거짓말을 하는 대신 "죄송합니다만 지금은 그 일이 도움이 안 되겠는데요."라고 대답한다. 훨씬 깨끗하고 솔직하지 않은가? 솔직하고 곧은 사람들은 스스로의 인생을 쉽게 살 뿐만 아니라 다른 사람의 인생도 쉽게 만들어 준다.

　앨리스는 전문적인 기술을 갈고 닦기 위해 동료들과 소그룹을 이뤄 한 달에 한 번 모임을 갖기 시작했다. 동료들은 제각각 똑똑하고 열정적이며 성공한 사람들이었지만 앨리스는 이들이 보이지 않는 곳에서 서로 헐뜯고 비난하는 걸 참기 힘들었다. 보다 못한 그녀는 모임에서 다음과 같은 원칙을 정하자고 제안했다.

"다른 구성원에 대한 부정적인 말은 본인에게 직접 가서 개인적으로 말해 주세요."

그녀가 부드럽게 자기주장을 내비친 결과 이 모임은 평범한 그저 그런 모임에서 신뢰가 넘치고 생산적인 모임으로 한 단계 더 발전할 수 있었다.

고결하고 수준 높은 인생을 중시한다면 이를 주장하라. 누군가가 당신의 기준을 낮출 것을 요구한다면 부드럽게 거절하라. 해로운 사람들이 당신의 인생을 침범하려 들 때 그들을 부드럽게 피하라. 누군가가 당신을 배려하지 않는다면 폴라가 내게 그랬듯이 그 사람에게 직접 말하라. 꼭두각시처럼 살지 말고 우리의 몸을 조종하는 줄을 끊고 자신의 인생을 살아라.

이렇게 해 보자.
- 눈을 감고 앉아 인생에서 효과적으로 자기주장을 폈던 경험을 떠올려 보고 특별히 효과가 좋았던 경우를 적어 보자.
- 앞으로 인생에서 자기주장을 더 펼쳐 보이고 싶은 부분에 대해 생각해 보고 어떻게 하면 이를 효과적으로 할 수 있을지 떠오르는 대로 적어 보자.

28
자기 자신을 주머니 속에 넣어 두어라
Put Your Ego in Your Pocket

너무 큰 소리로 외치면 오히려 들리지 않는다.
— 작자 미상

리치가 젊은 시절 명문대학 교수로 갓 부임했을 때 그는 첫 수업으로 200명이 넘는 학생들이 듣는 대형 강좌를 준비하며 두려워 죽을 지경이었다. 그는 밤늦게까지 강의안을 썼다 지웠다 하며 끙끙대다가 결국 강의안을 찢어버리고 말았다.

"문득 나는 내가 학생들에게 좋은 인상을 주지 못할까봐 내 스스로에 대해서만 걱정하고 있다는 걸 깨달았어. 난 내가 가르치는 주제에 대해 학생들에게 흥미를 주고 학생들이 더 잘 배우도록 도와주어야 한다는 기본 목적을 잊고 있었던 거야! 결국 나는 내 스스로에게 걸려 넘어진 거였지. 그래서 난 내 자아를 뒷주머니 속에 쑤셔 넣고 스스로에 대해 깡그리 잊은 채 강의실로 가서 내 할 일을 했지."

그는 실제로도 그렇게 했고 지금은 학교에서 가장 인기 있는 교수 중 한 명이 되었다.

우리에게는 모두 자아가 있고, 때로는 자아에 집착하는 일이 우리 인생에 방해가 될 때도 있다. 윌리엄 제임스William James(미국의 심리학자, 철학자-옮긴이)는 이렇게 말했다.

"인간의 가장 기본적인 본성은 인정받고 싶다는 열망이다."

우리는 다른 사람들에게 좋은 인상을 심어 주고, 사랑받으며 존중받고 싶어한다. 그러나 우리가 우리 자신을 감추고 다른 사람에게 좋은 인상을 심어 주어야겠다는 걸 잊을 때야 비로소 다른 사람들에게 가장 큰 감동을 줄 수 있다. 친구건 동료건 사랑하는 사람이건 혹은 성취하고 싶은 분야에서 무슨 일을 하고 있건 간에 스스로를 잊은 채, 즉 안으로 파고드는 것이 아니라 바깥을 향해 열려 있을 때 더 좋은 결과를 얻게 된다.

우리가 다른 사람에게 의식적으로 어떤 인상을 주고 싶다고 생각하는 것은 가면을 쓰는 것과 같다. 가면을 쓰게 되면 자신의 본모습이나 우리가 가진 마법과도 같은 가치들 역시 가려지게 된다. 내가 가장 좋아하는 사람 중 한 명인 덜시는 예순여덟 살로, 덩치가 크고 자기만의 방식으로 옷을 입지만 그녀를 아는 모든 사람들은 그녀를 존경하고 사랑한다. 그녀만의 매력이 도대체 어디에서 나오는 것인지 친구들끼리 모여 생각해 본 결과 겉치레와 허식이 없는 그녀의 자연스러운 태도가 바로 그 비결이라는 결론을 내렸다. 덜시는 진정 순수한 자기 본모습 그 자체였다. 그녀는 다른 사람에게 좋은 인상을 심어주기 위해 노력하지 않았으며 누구와도 경쟁하지 않았다. 그녀는 유쾌하고 어울리기 좋은 멋진 성품을 가진 고유하고도 유일한 존재였다. 우리는 모두 자기 자신을 벗어던지고 덜시처럼 살고 싶었지만 그게 결코 쉬운 일이 아니란 걸 인정할 수밖에 없었다.

오프라 윈프리나 '투데이 쇼'의 케이티 쿠릭 역시 그렇다. "이게 내 본모습이에요. 이렇게 행동하는 게 바로 나라구요." 라는 듯한 그녀들만의 솔직하고 자연스러운 태도에서 매력이 뿜어져 나오지 않는가?

우리는 완벽하기 위해 지나치게 애쓰는 경향이 있다. 하지만 도대체 완벽이란 무엇인가? 완벽이란 지극히 주관적인 개념일 뿐이다. 숙련된 연설가가 강의하는 도중에 정확한 단어를 찾지 못해 끙끙댈 때 청중들이 더 관심을 갖고 적합한 단어를 찾는 걸 도와주는 경우를 본 적이 있는가? 그리고 연설자가 자신만의 개성을 보여줄 때 청중들이 그를 더 좋아하는 경우도 많이 보았을 것이다. 즉 '완벽'이란 따분한 것이다. 고유하고 독특한 개성이야말로 훨씬 더 재미있고 흥미롭다.

자아를 실현하며 효과적인 인생을 사는 사람들과의 인터뷰에서 이들은 모두 의식적으로 자기 자신에게 집착하지 않기 위해 노력한다고 말했다. 이들은 밖을 향해 열린 삶을 통해 스스로를 자유롭게 하고 인생의 의미와 목적을 충만하게 느끼며 살고 있었다. 이들은 자기 자신에게 집착하기보다는 영혼을 살찌우는 데 더 관심이 있었다. 그리고 덜시처럼 이들 역시 누구와도 경쟁하지 않았고 자신이 만나는 모든 사람들이 가진 고유함과 특별함을 받아들이고 존중하며 살고 있었다.

내가 자기 자신을 버린다는 생각에 푹 빠져 이 장章을 쓰고 있을 때 내 친구 에밀리에게서 전화가 왔다. 나는 그녀와의 우정을 소중히 하긴 했지만 우리 둘 사이에는 늘 약간의 경쟁심이 흐르고 있었다. 하지만 이번에는 서로 비교하거나 비난하지 않고 물 흐르듯 술술 대화를 했다. 이런 일은 이전에는 단 한 번도 없던 일이었다. 불현듯 나는 내가 나 자신을 내려놓고 오직 에밀리의 이야기를 잘 듣고, 그녀와의 대화에만 집중했기 때문에 이런 변화가 온 것이 아닐까 하는 생각이 들었다. 이 경험을 통해서 나는 "좋아! 늘 이런 태도를 유지하겠어!"라고 다짐했다. 우리는 모두 자아를 갖고 있다. 비록 힘들겠지만 때로는 인생에서 자아를 치워버리기 위해 노력할 필요가 있다.

이렇게 해 보자.
- 가장 가까이 있는 사람과의 대화에 온전히 집중해 보자. 자존심을 버리고 자기 자신도 잊은 채 그 사람의 어조와 억양에 귀를 기울여 보자. 차이가 느껴지는가?
- 이후 며칠 동안 가정이나 일터에서 만나는 모든 사람들과의 대화

에서도 똑같이 해보라. 누구와도 비교하지 말고 순수하고 진정한 자기 자신의 모습이 되어 보아라. 마음을 열고 물 흐르듯, 그리고 진심을 갖고 대화를 해보라. 그리고 나서 느낀 점을 적어 보아라.
- 결과가 어떤가? 자신에 대한 집착을 버리는 걸 습관화해야겠다는 생각이 들지 않는가?

있는 그대로의 모습이 되어라. 우리는 모두 고유하고 특별하다.

PART 05

건강이 곧 재산이다

Health Is Wealth

29

문제를 마사지해라
To Deflate Your Problems, Massage Them

영혼의 근심은 인생의 얼룩과도 같다.
―칼 메닝거

뭔가 화나는 일이 생겨 그 감정에 사로잡힐 때가 있다. 화가 나고 당황할 때 우리는 제대로 된 생각을 할 수 없게 된다.

예전에 내가 전문직 사무실에서 근무할 때 실리아라는 여성이 나를 미치기 일보 직전까지 만든 적이 있었다. 그녀는 내 고객의 일에 사사건건 참견하고 내 책상에서 서류들을 뒤적이며 내 물건을 자기 것처럼 썼다.

나는 그 때문에 일을 그만둘까 고민해 보기도 했지만 일 자체는 좋았기 때문에 그럴 수도 없었다. 마침내 폭발하기 일보 직전, 나는 집으로 돌아가 책상 앞에 앉아 내게 일어난 일이며 내 감정, 그리고 지금의 상황에 대해 모든 관점에서 낱낱이 점검하여 이 모든 걸 종이 위에 쏟아 붓듯이 쓰고 또 써댔다. 한참 동안 그러고 난 후, 45분쯤 후에 나는 종이 위에 이렇게 쓰고 있었다.

"중요한 건 실리아의 행동이 아니라 그걸 받아들이는 나의 태도이다. 상황을 어떻게 받아들이느냐에 따라 내 자신의 인격이 결정된다. 앞으로 5년 동안 나는 상황을 받아들이는 태도를 변화시키는 걸 인생의 목표로 삼을 것이다."

이렇게 생각하자 이후 놀라운 일이 일어났다. 실리아가 무얼 하든 전혀 신경이 쓰이지 않게 된 것이다. 그녀가 어떤 행동을 하건 나는 조금도 영향을 받지 않았다. 가장 흥미로웠던 건 얼마 지나지 않아 실리아가 공격적인 태도를 거두고 나를 존중하기 시작했다는 것이다. 이 일은 15년 전에 있었던 일로, 이 경험으로 나는 아주 긍정적인 결과를 얻었다. 실리아의 행동은 내 문제가 아니라 그녀 자신의 문제였던 것이다. 내 자신이 하는 행동만이 나를 정의할 수 있는 것이다. 또한 내가 실리아에게 스트레스를 받고 있을 때, 그 문제에 대해 요리조리 두들기고, 주물러 보며 마사지를 하지 않았더라면 그러한 깨달음을 얻을 수 없었을 것이다.

문제를 마사지하듯 풀어주는 두 가지 방법을 소개한다.

1. 두툼한 노트를 준비하고 자리에 앉아라. 워드 프로세스를 사용해도 좋다. 스스로에게 좌절감과 근심, 걱정거리를 안겨 주는 문제

에 대해서 마음이 진정될 때까지 떠오르는 대로 적어 보아라. 이 문제를 마음속으로 자유롭게 이리저리 굴려 보아라. 그리고 이 문제를 가능한 다양한 관점에서 보며 적어 보아라. 자신의 관점에서도 보고 상대의 관점에서도 보고, 제3자의 객관적인 관점에서도 보고, 화성인의 관점에서도 보고, 앞으로 5년 후의 미래의 관점에서도 보아라. 생각할 수 있는 모든 방향에서 그 문제를 바라보며 적어 보아라. 그렇게 계속 써 나가다 보면 답은 저절로 스르르 떠오를 것이다.

2. 혹은 당신이 믿고 존경하는 사람에게 이야기함으로써 문제를 풀 수도 있다. 글로 쓰는 것과 똑같은 방식으로 다양한 관점에서 자유롭게 생각하다 보면 해결점을 찾을 수 있다.

이런 식으로 문제를 풀어나가는 것은 놀라울 정도로 효과가 좋다. 그건 마치 우리가 잠재의식 속에서 이미 갖고 있는 답을 불러내는 것과 같다. 이 방법을 통해 우리는 원하는 해답을 찾을 수 있을 뿐 아니라 문제를 풀어나가는 과정 자체도 진심으로 즐길 수 있게 된다.

30

명상하라
Meditation Works

인생은 우리 스스로 만드는 것이다.
이전에도 그랬고, 앞으로도 늘 그럴 것이다.
― 모지스 할머니(미국의 국민 화가, 76세부터 그림을 그림 - 옮긴이)

대학원 1년생이었을 때 내 연구과제는 몸과 마음이 어떻게 상호작용하는지 알아내는 것이었다. 나는 메닝거 연구소에서 생체자기제어bio feedback라는 새로운 분야의 연구자인 엘머와 엘리스 그린의 강의를 들으면서 놀라운 사실을 알게 되었다. 우리가 명상을 하는 동안 우리의 뇌파는 서서히 깊은 안정 상태로 들어서며 근육이 이완되고 심장 박동이 늦어진다는 것이다. 우리는 과학 장치를 통해 이러한 사실을 직접 확인할 수도 있었다.

2,500년 전, 부처가 말하길 우리 마음은 시시각각 재잘거리는 원숭이떼로 가득한 한 그루의 나무와도 같아서 이러한 재잘거림 때문에 스스로의 진짜 모습을 보지 못한다고 했다. 그는 또한 우리 모두

는 마음을 고요히 해야 하는데 그러기 위해서는 명상이 가장 좋은 방법이라고 했다. 그 이후, 수많은 사람들이 부처의 가르침에 따른 덕을 톡톡히 보았다. 우리 마음의 재잘거림은 생각의 꼬리를 물고 이어지며 점점 더 큰 목소리를 내게 되는데 이는 자그마한 스트레스가 하루를 지나는 동안 마음속에서 점점 커져 더 극심한 스트레스로 발전하는 것과 같다. 하지만 그때, 우리가 잠시 동안 고요히 정좌하며 명상을 한다면 스트레스는 다시 보통 수준으로 가라앉게 된다. 우리는 다시 마음의 균형을 찾고 더 평화로워지며 더 집중할 수 있다. 명상을 통해 우리는 더 멋지게 살고 사랑하며 일할 수 있다!

규칙적으로 명상을 하면 놀랍게도 우리 마음은 더 예리해지고 집중력은 높아진다. 명상을 하다 보면 문제에 대한 해답과 창의적인 생각들이 불현듯 떠오르게 될 것이다. 나의 경우 복잡한 생각을 풀어내느라 끙끙댈 때 명상을 하면 올바른 답이 저절로 떠오르곤 한다. 앨버트 아인슈타인이나 그 밖의 여러 과학자들은 마음이 고요하고, 깊은 안정을 취할 때 가장 위대하고 멋진 생각들을 떠올렸다고 한다.

내면의 소리에 귀를 기울여라. 고요히 앉아 기다린다면 머릿속에서 저절로 답이 나올 것이다.

명상이 육체적, 정신적, 그리고 감정적으로 다양한 도움을 준다는 사실은 충분히 입증된 바 있다. 스트레스는 우리의 모든 분야에 악영향을 미친다. 예를 들면 스트레스는 우리의 면역력을 떨어뜨리는데, 스트레스에 노출된 경우에는 그렇지 않을 때보다 다섯 배나 감기에 잘 걸린다고 한다. 그러므로 명상을 통해 스트레스를 낮춘다면 우리는 더 건강해질 수 있다. 또한 우리는 편안하고 집중할 때 인생을 더 즐길 수 있는 법이다. 그러니 더 건강하고 행복하며 원활한 삶을 살기 위해 자그마한 시도를 해 보는 건 어떨까?

명상을 위한 기본적인 방법은 다음과 같다.

1. 우리의 목표는 마음을 고요하게 만드는 것이다. 그러기 위해서는 하나의 짧은 단어나 문장에 집중함으로써 마음속의 재잘거림을 차단하라.

2. 의자에 편안히 앉아 어깨의 긴장을 풀고 발을 바닥에 붙인 후, 손을 가지런히 무릎에 두고 눈을 감아라. 등의 긴장을 풀고 싶다면 무릎을 조금 세운 자세로 바닥에 누워라.(하지만 잠들지는 마라.)

3. 몇 번 깊이 심호흡을 해라. 그런 다음 자연스럽게 숨을 쉬면서 숨을 쉴 때마다 사랑, 평화, 안정, 고요 등과 같이 스스로를 편안하게 만드는 단어 하나를 골라 마음속으로 되뇌어라. 단어 대신 가장 좋아하는 기도문의 한 구절을 반복해도 좋다.

4. 쓸데없는 생각들이 마음속에 하나 둘 떠오를 것이다. 그때마다

생각들을 자연스럽게 흘려보내라. 마음을 완전히 고요하게 만드는 데는 시간이 걸리는 법이니 걱정하지 마라.

5. 20분간 명상을 지속해라. 잠든 것도 아니고 완전히 깨어 있지도 않은 편안한 상태에서 몸과 마음의 긴장이 풀리는 것을 느낄 수 있을 것이다. 아무리 바쁘더라도 짧게나마 명상을 하는 것이 하지 않는 것보다 훨씬 더 낫다.

6. 명상이 다 끝나더라도 곧바로 일어나지 말고 1, 2분 정도 더 자신만의 시간을 가져라.

7. 하루에 한 번 명상을 습관화해라. 짬짬이 짧게나마 시도해도 좋다. 예를 들어 책상에 앉아 일을 할 때나, 회의하기 전에 조용히 눈을 감고 깊이 숨을 내쉰 후 몇 분 동안만이라도 명상을 해라.

8. 연습하면 할수록 마음이 고요해지는 데 걸리는 시간이 더 짧아지며 명상의 효과를 최대한 느낄 수 있을 것이다.

지금 당장 자리에 앉아 눈을 감고 마음속의 시끄러운 재잘거림을 잠재우고 고요함에 빠져 보아라!

31

몸을 움직여라
Exercise for Your Body—and Your Brain

지금 변화하고 있다면
원하는 모습으로 바뀔 수 있다.
— 작자 미상

특허 전문 변호사인 마흔세 살의 마이크는 한 소프트웨어 대기업에서 '상상도 못할 압박'에 시달리며 일하고 있었다.

"내가 정신을 똑바로 차리고 일할 수 있는 이유는 매일 아침마다 피트니스 클럽에서 운동을 하기 때문이죠. 운동을 하지 않는 날엔 하루가 완전히 꼬이는 느낌이에요. 제대로 된 생각도 할 수 없고 스트레스 관리도 안 되는 데다 문제해결력도 형편없어진다니까요."

마이크의 경험은 규칙적인 운동이 우리가 육체적, 정신적 그리고 감정적 안정을 취하는 데 도움이 된다는 연구 결과를 뒷받침해 준다.

그 증거 자료는 다음과 같다.

- 운동은 인간의 기본 욕구이며 젊음의 원천과도 같다. 우리는 늘 몸을 움직여야 한다.
- 규칙적이고 활동적인 운동은 신체적 퇴보를 늦추거나 막아준다. 우리가 몸이 약해지고 여려지는 것은 나이 탓이 아니라 운동을 하지 않아서이다.
- 운동을 하면 머리가 더 잘 돌아간다. 특히 기억력이 좋아지고 정신적으로 더 유연해지며 상황 판단력이 좋아지고 더 창의적이게 된다. 육체적으로 활동적인 사람은 치매에 덜 걸린다는 연구 결과도 있다.
- 운동은 스트레스 관리에 매우 효과적이다. 운동을 하면 스트레스가 낮아진다.
- 운동을 하면 우울증과 불안장애의 위험을 낮출 수 있다.
- 규칙적인 운동을 통해 자존감을 높일 수 있다. 운동을 하면 육체적, 감정적으로 더 생기 있고 활기찬 느낌을 가질 수 있다.
- 격렬한 운동은 칼로리를 소비하여 체중을 감소하는 데 도움이 된다. 적당한 근육은 그 자체만으로도 더 많은 칼로리를 소모하기 때문이다.
- 운동은 남녀 모두에게 골다공증의 위험을 줄여준다.
- 운동은 당뇨, 특정한 눈 질환, 비만, 심혈관 질환, 특정한 암, 우울증, 골다공증을 포함한 수많은 질병의 중요한 예방인자로 평가되고 있다. 즉 건강한 몸과 마음은 병에 대한 저항력이 있다.

- 운동하는 사람들은 성생활을 더 즐긴다.
- 운동하는 사람들은 더 멋져 보인다!

마치 만병통치약을 파는 약장수가 하는 소리처럼 들리지 않는가? 하지만 모두 사실이다. 운동을 해라! 그러면 인생이 여러모로 훨씬 더 나아질 것이다.

현재 아무런 운동도 하지 않고 있다면 무기력증을 떨쳐 버리고 스스로를 적극적으로 밀어붙여 지금 바로 시작하는 것이 좋다. 우리가 앉아 있으면 있을수록 점점 더 움직이고 싶은 마음이 사라진다. (그리고 그 전에 먼저 의사를 찾아가 건강 상담부터 해 보라.)

일단 규칙적으로 운동을 하기 시작하면 운동하는 일이 점점 즐거워져서 운동하는 시간이 하루 중 가장 기다려지는 시간이 될 것이다. 운동을 하면 운동하는 동안이나, 그 이후로도 뇌에서 생성되는 엔돌핀 때문에 기분이 자연스럽게 들뜨는 걸 느낄 수 있다. 그것이 운동이 주는 선물이다.

효과적인 운동법은 다음과 같다.

1. 한 주에 세 번, 30분씩 운동을 시작하라. 그리고 나서 시간이 허락한다면 한 주에 다섯 번, 45분간 운동해라. 자기 자신뿐만 아니라 주변 사람에게도 뚜렷한 효과가 나타날 것이다.

2. 빨리 걷기나 체조 비디오, 운동기구, 자전거 타기, 러닝머신 등 몸을 움직이는 운동이라면 아무것이나 좋다.

3. 정기적으로 근력 운동을 해라. 하버드 건강 뉴스레터에 따르면 근력 운동은 '과거에는 노화의 피할 수 없는 결과라고 생각했던 근육 양, 뼈의 밀도, 체력 저하를 실제로 늦추어 주며 심지어는 더 젊어질 수 있도록 해 주는 거의 유일한' 운동이라고 한다. 집에서 간단한 역기를 사용해서 운동하거나 피트니스 클럽에 가입하라. 역기를 사용하는 운동을 하면 몸에 적당한 근육이 자리잡게 된다. 나는 성인이 된 이후로 줄곧 척추에 문제가 있었는데 정형외과 수술로도 이를 해결할 수 없었다. 하지만 8년 전 피트니스 클럽에 가입한 이후로 척추 문제는 말끔히 해결되었다. 척추 질환은 내 근육이 약한 것이 원인이었던 것 같다.

4. 피트니스 클럽에 다닌다고 해서 운동이 다 끝난 건 아니다. 하루 동안 운동량을 늘릴 수 있는 방법을 생각해 보아라. 엘리베이터를 타는 대신 계단을 이용하거나 가까운 데 차를 대려고 안달하는 대신 먼 곳에 차를 대고 많이 걸어라. 자신의 멋진 몸을 이럴 때 안 쓰면 어디에 쓰겠는가?

5. 친구들과 함께 모여서 운동해라. 사람들을 만나 점심을 먹으러

가거나 업무 후에 술을 마시는 대신 한 시간 동안 같이 걸어라. 신선한 공기를 마시며 나란히 걸으며 하는 대화는 얼마나 멋진 일인지 모른다. 피트니스 클럽에 가입하면 사교적인 이점도 누릴 수 있다. 우리는 그곳에서 매우 활동적이고 활기차며 유쾌한 친구들을 사귈 수 있다. 늘 발전하고 성장하는 사람들은 모두 운동을 열심히 하기 때문이다. 활동적인 성격이자 회사의 중역을 맡고 있는 데이브는 피트니스 클럽에서 운동을 하면서 지금의 아내를 만나게 되었다.

6. 이를 닦거나 음식을 먹는 일처럼 운동 역시 인생의 최우선순위에 두어라. 아이들이 아직 어렸을 때 나는 사업을 경영하는 동시에 멋진 아내이자 엄마 역할을 하려고 노력하고 있었다. 당시 나는 바쁜 와중에 짬을 내어 운동할 때마다 내 스스로가 이기적인 게 아닐까 하는 생각이 들곤 했다. 하지만 나는 곧 내가 건강해야만 내게 주어진 모든 역할을 모두 다 잘 소화해 낼 수 있다는 걸 깨닫게 되었다. 그래서 나는 규칙적으로 운동하는 일을 인생의 우선순위로 삼는 것이 내 책임이자 의무라고 생각했고, 그 마음가짐은 현재까지 지속되고 있다. 왜냐하면 내가 하루라도 운동을 빼먹으면 모든 일이 축 처지고, 제대로 돌아가지 않기 때문이다.

오늘부터 당장 운동을 시작하고 마음껏 즐겨라! 자신의 가장 멋진 모습을 즐기고, 보여 주어라!

32
날씬한 기분을 맛보아라
Nothing Tastes as Good as Being Slim Feels

> 늘 하던 대로만 한다면
> 늘 가진 대로만 살게 될 것이다.
> — 작자 미상

> 자신감은 학습을 통해 얻을 수 있는 내적 자질이다.
> 무기력함 역시 마찬가지다.
> — 리처드 레스탁

날씬해지고 또 이를 유지하기 위해 내가 인생의 거울로 삼고 있는 사람은 헬렌이다. 헬렌은 성인이 된 이후 내내 과체중이었고 해마다 몸무게가 조금씩 늘어갔다. 어느 따스한 봄날, 헬렌은 가장 좋아하는 원피스를 꺼내 입으려고 애를 쓰다가 그 원피스가 이제는 자신에게 너무 작다는 걸 깨달았다. '언제까지나 이렇게 살 수는 없어.' 헬렌은 생각했다. 그리고 바로 그 순간, 그녀는 뭔가 해야겠다는 결심을 했다.

우리는 모두 헬렌처럼 마음속으로 '아하!'하는 정신적 깨달음을 통해 새로운 길로 방향을 전환해 본 적이 있을 것이다. 이 순간 헬렌은 "나는 너무 많이 먹어서 살이 찌고 있어. 이제 음식을 좀 줄여야겠어." 라고 느꼈다. 헬렌은 좋아하는 음식들을 계속 먹는 대신 그 양을 3분의 1로 줄이기로 결심했다. 그렇게 한 이후 헬렌은 서서히 음식을 더 먹고 싶다는 생각이 좀처럼 들지 않게 되었다. 헬렌은 약간 허기짐을 느꼈지만 대신 체중은 점차 줄어들어 건강 수준의 몸매가 되었고 이후로도 계속 이러한 상태를 유지할 수 있었다. 헬렌은 기분이 더 좋아졌으며 보기에도 훨씬 좋았고 더 행복해졌다. 게다가 어떤 옷을 입어도 멋져 보였다.

우리의 체중은 우리가 스스로에 대해 어떻게 느끼느냐, 즉 자아 개념과 자신감, 그리고 우리의 정체성에까지 지대한 영향을 미친다. 다행인 사실은 우리는 스스로의 체중을 관리할 수 있다는 것이다. 물론 체중을 관리하는 건 모든 사람에게 쉬운 일만은 아니다. 유전적으로 살이 찌기 쉬운 체질이라서 또는 어릴 때부터 길들여졌던 식습관 때문에, 자기 절제력이 다른 사람보다 부족하기 때문에 체중 조절이 힘들 수 있다. 그렇다면 지금 즉시 체중 감시단이나 과식자 모임 등과 같은 단체에 합류하여 도움을 얻어라. 체중 관리에 도움이 될 수 있는 일이라면 뭐든지 해라.

살을 **빼기** 위해 발버둥을 치는 건 한두 사람만의 문제가 아니다. 이는 국가적 차원의 문제이다. 통계에 따르면 미국 인구의 3분의

1이 비만이며 미국인들은 해마다 체중이 더 늘고 있다고 한다. 이런 문제는 우리가 살찌기 쉬운 체질이라서가 아니라 사람들 스스로가 변하지 않아서이다. 즉 우리는 너무 많이 먹는다.

예방할 수 있는 주요 사망 원인 중에 첫 번째가 흡연이요, 두 번째가 비만이다. 여기서 '예방할 수 있다'는 말은 우리가 소비하는 것보다 칼로리를 더 적게 섭취한다면 살을 뺄 수 있다는 뜻이다. 결국 살을 빼는 것은 의지력의 문제다. 윈스턴 처칠은 이렇게 말했다.

"위대한 일은 하고자 하는 의지력willpower에서 나온다. 뜻이 있는 사람은 결국 성공하게 되어 있다."

식습관을 변화시키기란 쉽지 않다. 하지만 감사하게도 우리는 해낼 수 있다. 희망적인 이야기를 하나 하자면 의지를 기르는 것은 근육을 키우는 것과 마찬가지라는 것이다. 즉 노력하면 할수록 더 쉬워지고, 마침내는 습관으로 굳어진다. 유전학자인 딘 해머Dean Hamer 박사는 이렇게 말했다.

"우리가 뭔가를 해내야겠다고 의지를 굳힐 때마다 다음번에는 그 일을 더 쉽게 할 수 있도록 뇌신경이 재배열됩니다."

과체중인 사람들은 해가 갈수록 심각한 건강 문제를 겪게 된다. 그러므로 식습관을 바꾸면 인생을 더 즐겁게 살 수 있을 뿐만 아니라 인생을 즐겁게 누릴 수 있는 시간도 더 길어진다.

그렇다고 해서 비현실적일 정도로 날씬해져야 한다는 것은 아니다. 그런 강박관념은 스스로를 괴롭힐 뿐이다. 우리는 스물한 살

때처럼 보일 수는 없지만 현재 나이에 비해서는 아주 멋져 보일 수 있다.

하지만 살을 빼는 일에 그토록 집착할 필요성을 느끼지 못하는 사람들도 있다. 예를 들면 내 유쾌한 친구이자 많은 사람들의 사랑을 듬뿍 받고 있는 덜시는 과체중이지만 이제껏 단 한 번도 다이어트를 한 적이 없다. 덜시는 요리하는 것과 먹는 것을 즐기며 그녀의 방식대로 살고 있다. 이게 바로 그녀의 삶에 맞는 방식이며 당신 역시 그런 삶이 어울릴지도 모른다. 하지만 우리는 스스로가 너무 뚱뚱하다고 느껴질 때가 있다. 사람들이 자신을 대하는 태도와 스스로의 기분과 몸 상태에서, 그리고 거울에 비친 자기 모습에서 뭔가 느껴질 때가 바로 변화를 해야 할 때다.

> 자연은 늘 우리에게 암시를 줍니다.
> 자꾸만 반복하여 우리를 일깨워 주고,
> 우리는 어느 순간 그 의미를 깨닫게 됩니다.
> — 로버트 프로스트

평생 동안 체중을 관리할 수 있는 열두 가지 방법을 소개한다.

1. 체중 관리에서 가장 중요한 것은 지식이다. 뚱뚱한 사람들은 늘

날씬한 사람들이 자기들보다 더 많이 먹는데도 살이 안 찐다고 불평하곤 한다. 하지만 중요한 건 얼마나 많이 먹느냐가 아니라 무엇을 먹느냐 하는 것이다. 중요한 건 칼로리다. 지방은 1그램당 9칼로리이다. 이는 1그램당 4칼로리인 단백질이나 탄수화물의 두 배가 넘는다. 지방은 약간만 더 섭취해도 급속도로 살이 붙는다. 예를 들면 하루에 버터 한 덩어리씩만 더 먹어도(100칼로리) 1년이면 10파운드(약 4.3kg - 옮긴이)가 붙게 된다.

2. 속성 다이어트를 비롯하여 그 외 유행하는 여러 가지 다이어트는 해봤자 도움이 되지 않는다. 일시적으로 체중을 줄일 수는 있겠지만 근본적으로 식습관을 고치지 않는다면 다이어트를 중지하자마자 다시 살이 찌게 될 것이다. 체중을 관리할 수 있는 유일한 방법은 좋은 식습관을 익혀 꾸준히 실행하는 것뿐이다.

3. 어디서 추가적인 칼로리, 특히 지방을 얻는지 알아보기 위해 몇 주 동안 자신이 먹은 모든 것을 기록해라. 대학원 시절에 영양학 수업 교수가 우리에게 그렇게 하라는 과제를 내주었다. 처음에는 바쁘고 귀찮은 과제라며 툴툴댔지만 그 결과는 정말 뜻밖이었다! 나는 그때까지 내가 저지방 중심의 건강한 식습관을 갖고 있다고 생각했지만 내 지방 소비량이 만만치 않다는 걸 깨닫고 충격을 받았던 것이다. 팝콘, 땅콩, 샐러드 드레싱, 닭고기, 구운 감자에

'살짝' 찍어 먹던 새콤한 크림까지! 나는 내가 슬쩍 눈감아 버림으로써 숨어 있거나 무시되던 칼로리가 얼마나 많았는지 새삼 깨닫게 되었다. 이후 나는 스스로에게 정직해야겠다고 느꼈다. 우리는 우리 스스로에게 가장 큰 소리로 거짓말을 하는 법이다.

4. 지방 함유량을 알기 위해 식품 라벨을 읽는 법을 익혀라. 식품의 영양소에 대한 정보를 익힐 수 있는 작은 책자를 구입해라.

5. 매일 운동해라.(31장을 참고하라.) 살이 더 찌지 않기 위해서는 섭취하는 칼로리만큼 소비해야 한다. 운동을 함으로써 근육을 길러 더 많은 칼로리를 소비할 수 있을 뿐만 아니라 운동 그 자체만으로도 식욕이 안정되는 효과가 있다.

6. 식당에서 기름기를 뺀 음식을 주문해라. 튀긴 음식 대신 구운 음식을, 크림 소스와 샐러드 드레싱 대신 토마토 소스를 곁들여라. 빵에는 버터를 아주 약간만 바르거나 아예 바르지 마라, 구운 감자에 크림도 찍어 먹지 마라.(아무것도 바르지 않은 감자나 빵이 얼마나 맛있는지 깨닫는다면 깜짝 놀랄 것이다!) 지방을 적게 섭취할수록 입맛도 변한다. 고지방 음식은 너무 느끼하고 부담스럽게 느껴질 것이다.

7. 채소를 먹어라! 정부의 영양 섭취 안내서에 따르면 우리는 하루

에 100그램 정도의 고기나 단백질 음식만 먹으면 그걸로 충분하다고 한다. 그 외에는 모두 에너지로 전환되며 소비되지 않을 때는 지방으로 바뀐다. 대신 과일과 채소를 많이 먹어라. 고기를 주식이 아닌 반찬으로 먹어라. 자연물 사진작가인 키이스와 안티에 부부는 채소를 많이 먹는 친구들이 더 활기 넘치고 병에도 덜 걸린다는 걸 깨닫고 식습관을 바꾸기로 결심했다. 몇 주가 지나자 이들은 훨씬 더 기분이 상쾌해졌으며 키이스의 콜레스테롤 수치도 놀라울 정도로 낮아졌다.(미국립 암 연구소 후원의 전 세계 의학 전문가들에 따르면 육류를 적게 먹고 과일과 채소, 콩과 곡물을 많이 먹는 채식 중심의 식사와 함께 운동을 병행하며 체중 관리를 하는 사람은 암 발생률을 30~40%나 낮출 수 있다고 한다.)

8. 신선한 과일이나 순수한 곡물과 같은 고섬유질 음식을 먹으면 포만감을 더 오래 느낄 수 있고, 몸에도 훨씬 좋다.

9. 몸이 말하는 소리에 귀를 기울여라! 만족감이 느껴지는 즉시 식사를 멈추고 식탁에서 멀리 떨어져라. 즉 배가 부르다고 느끼기 전에 그만 먹어라. 배가 부르다는 건 너무 많이 먹었다는 신호이다.

10. 하루에 물을 여덟 잔 이상 마셔라. 식전에 마시는 것이 좋다. 물을 마시면 건강에도 좋고 기분도 상쾌해진다.

11. 집에 건강식과 저지방 간식거리만 쌓아 두어 유혹거리를 애초에 차단해라. 첫 주에는 간식으로 신선한 채소 한 묶음만 준비해 놓아라. 감자칩 대신 프레첼(매듭이나 막대 모양의 딱딱한 비스킷 - 옮긴이)을 먹고 고지방 크래커 대신 무지방 곡물 크래커를 먹어라. 쿠키 대신 사과를 먹고 빵에는 버터 대신 잼을 발라서 먹어라.(잼은 버터가 가진 칼로리의 절반밖에 되지 않는다). 아이스크림이나 얼린 요거트를 좋아한다면 저지방 또는 무지방 가공식품으로 조금만 먹어라. 이 편이 훨씬 더 좋다. 초콜릿을 먹고 싶은 충동이 들 때면 빌과 나는 저녁에 M&M(작은 초콜릿 캔디 - 옮긴이) 네다섯 개를 먹곤 한다. 모두 17칼로리이다.

12. 즐겁고 유쾌한 식사공간을 마련해라. 음식을 예쁘게 담은 후 천천히 음미하며 꼭꼭 씹어 먹어라. 먹는 동안 TV를 보거나 책을 읽지 마라. 그렇게 하면 자신이 과식한다는 걸 깨닫지 못하게 된다.

마음의 힘을 활용해라. 식습관을 새롭게 바꾸겠다고 마음으로 깨닫지 못한다면 앞에서 나온 지침들은 모두 아무 소용이 없다. 효과적인 마음가짐의 기술을 몇 가지 소개한다.

• 쉰 살의 부동산 경영주인 론디는 아주 멋진 여성이다. 그녀가 날씬함을 유지하는 비결은 다가올 휴가를 아주 멋진 모습으로 보내

는 자신을 그려 보는 것이다. 지금 이 순간 아주 미끈한 몸매를 하고 하와이의 해변에 있다고 상상하는 것이다.

"가장 커다란 유혹은 남편이 상점에서 이것저것 사 오는 음식들이죠. 나는 유혹거리를 없애려고 오렌지나 무지방 치즈만 집 안에 두려고 하는데 말이죠."

- 내 남편 빌은 시내를 걸어가며 쇼윈도에 비친 자신의 날씬한 모습을 힐끔거리는 상상을 한다.
- 이혼한 지 4년 후에 데이트를 결심한 카렌은 살찌는 음식의 유혹을 느낄 때마다 대부분의 남자들은 날씬한 여성을 훨씬 더 좋아한다는 걸 스스로에게 끊임없이 상기시키곤 한다.
- 자그맣고 순수한 초코과자 같은 달짝지근한 것이 먹고 싶을 때마다 나는 마음속으로 저울질을 하며 이렇게 묻곤 한다.

"살이 찌는 걸 감수하고 이걸 먹을 가치가 있는 걸까?" 또는 "이걸 먹고 308칼로리의 지방을 소비하기 위해 59분 23초나 더 걸어다닐 자신이 있니?" 또는 "이거 먹고 한 시간 동안 우울해해도 괜찮니?"

- 살을 빼려고 노력하는 그렉은 슬금슬금 허기짐을 느끼고 괴로울 때마다 이런 생각을 떠올린다.

"허기진 느낌이 들어야 살도 빠지는 거야. 왜냐하면 이 느낌은 내 몸이 지방을 더 달라고 하는 신호니까 말야."

- 스스로에게 늘 이렇게 말하는 헬렌을 기억하자. "난 그렇게 많이

먹을 필요가 없어." 그리고는 소량의 음식만 먹어라.
- 앞에서 나온 마음가짐의 기술들을 직접 적용해 보거나 자신에게 맞는 새로운 방법을 찾아보아라.

우리는 모두 할 수 있고, 그 결과에 기뻐할 것이다!

PART 06

성장을 위한 발걸음

The Process of Growing

33
미래의 모습을 그려라
Visualize Your Future Self

> 미래를 예측하는 가장 좋은 방법은
> 스스로 미래를 만드는 것이다.
> ─ 스티븐 코비

올림픽 메달을 딴 선수들이나 세계 정상급 운동선수들의 대부분은 한결같이 자신의 성공 비결이 '마음속으로 그려 보기'에 있었다고 한다. 경기가 있기 전날 조용히 앉아 자신이 경기의 모든 과정을 완벽하게 해내는 모습을 상상하고 느끼며 경험한다는 것이다. 실제 경기를 할 때, 그들은 마음속으로 이미 그려 보았던 모든 행동을 자동적으로 밟아 나간다. 잭 니클라우스Jack Nicklaus가 말하길 골프의 샷은 10퍼센트의 스윙, 40퍼센트의 준비 자세와 발의 위치, 그리고 50퍼센트의 마음속 그려보기에 있다고 했다.

정상에 선 사람들이 이렇게 자신의 모습을 마음속으로 미리 그려 보는 이유는 스포츠에서건 개인적 삶에서건 혹은 업무에서건 그 방법이 효과가 있기 때문이다. 조사에 따르면 대부분의 성공적인 경영인들은 중요한 회의를 하기 전에 자기가 하고자 하는 말과 행동을 마음속으로 미리 연습한다고 한다. 다른 방면에서 성공을 거두고 있는 사람들 역시 마찬가지다. 심장외과의인 로버트는 외과수술을 앞둔 전날 밤에 한 단계 한 단계씩 수술 과정을 떠올려 보며 마음속으로 완벽한 시술을 해 본다. 그리고 그 다음에는 특정한 문제에 부딪쳤을 때는 어떻게 할지도 미리 마음속에서 그려 보는 과정을 갖는다.

우리가 하고자 하는 일과 되고자 하는 모습을 마음속에 그려볼 때, 우리의 마음과 감정과 신체는 실제로 그 경험을 연습하게 된다. 예를 들면 운동선수가 완벽한 경기를 하는 모습을 마음속으로 상상할 때, 실제로 그 운동과 관련된 근육이 반응한다는 것이 실험을 통해서도 입증되었다.

많은 사람들은 대중 앞에서 발표하는 것을 두려워한다. 나 역시 그랬다. 성인들의 성장에 관한 내 연구에 대해 전문가 집단에게 강의를 해 달라는 요청을 처음 받았을 때 나는 두려움에 꽁꽁 얼어버렸다. 내가 과연 사람들로 가득 찬 강당에서 조리 있게 말할 수 있을까? 하지만 나는 내 연구 자료를 다른 사람들과 공유하길 진심으로 원했고 발표에 대한 두려움을 극복할 수 있는 유일한 방법은 일단 부딪쳐 보는 것뿐이라는 걸 깨달았다. 나를 구한 것은 마음속 그려 보기를 통한 무수한 연습이었다. 나는 마음속으로 내 연설의 모든 세부적인 모습을 그려 보았다. 자세와 말투, 유머, 자아 내려놓기,

(28장을 참고하라.) 그리고 청중들의 열광적인 반응까지도 말이다. 그리고 강의 바로 전에 나는 따로 떨어진 공간에 조용히 앉아 다시 한 번 그 과정을 마음속으로 그려보는 시간을 가졌다. 결과적으로 그건 효과가 있었다. 청중들은 내 강의에 열광했으며 나 역시 이 모든 과정을 진심으로 즐겼다. 청중들의 질문은 끝없이 이어졌고 급기야는 사회자가 프로그램을 계속 진행하기 위해 도중에 질문을 끊어야 할 정도였다. 그리고 몇 년이 지난 지금 나는 무수한 강연을 했고 지금은 구석에 앉아 떨기보다는 강의를 진심으로 즐기게 되고, 또 가볍게 해 낼 수 있게 되었다.

마음속으로 그려보는 일은 효과가 있다. 멋진 아이스 스케이터나 훌륭한 연설가가 되고 싶은가? 혹은 더 활기차고 늘 성장하며, 유쾌하고, 맡은 일은 뭐든지 잘하는 사람이 되고 싶은가? 당신은 할 수 있다. 마음의 눈으로 자신이 되고자 하는 모습을 그려본다면 얼마든지 현실로 만들 수 있다.

이렇게 시작하자.

1. 자리에 앉아 자신이 변하고 싶은 부분에 대해 적어보아라. 다른 사람과의 관계 개선하기, 스트레스 관리하기, 유머 있고 쾌활한 사람 되기, 지적이며 도덕적이고 정신적인spiritual 존재 되기, 정신적, 육체적으로 보다 건강하고 활기차기, 일이나 그 밖의 분야에

서 성취하기, 사회에 기여하기 등 자신이 중요하다고 생각하는 것을 모두 적어 보라. 당신이 프로그래머라고 생각하고 프로그램을 짜라. 그 외에도 새로운 생각이 떠오르면 리스트에 덧붙여라.

2. 조용한 장소를 찾아서 앉아 눈을 감고 심호흡을 한 후 마음을 편히 가져라.(편안함 속에서 우리의 뇌는 이미지를 더 잘 그려낼 수 있다.) 이제 자신이 변화시키고 싶은 것 한 가지를 선택해라.

3. 그리고 나서 마음속으로 원하는 모습으로 행동하는 자신의 모습을 그려 보아라. 예를 들어, 더 많이 웃는 사람이 되고 싶다면 TV를 보며 배꼽이 빠지도록 웃음을 터뜨리는 자신의 모습이나 친구들과 재미난 유머를 주고받으며 스트레스를 해소하는 모습을 떠올려 보라. 그리고 자신이 어떻게 느끼고, 어떻게 말하고, 어떻게 보이는지도 그려보아라. 자신의 이미지를 만든 후에 이를 발전시키고 즐겨라. 그리고 이것이 현실이 되도록 해라. 마음속으로 볼 수 있다면 실제로 이룰 수도 있다.

4. 자신이 한 가지 목적에서 이룬 성취에 대해 만족한다면 다음 목표로 넘어가서 그 일을 실행해라.

마음속으로 그려보는 일이 우리에게 얼마나 큰 도움을 주며 또한 얼마나 기분 좋은 일인지 깨닫는다면 깜짝 놀랄 것이다. 하지만 알아두어야 할 점은 우리는 한 번에 큰 변화를 이룰 수는 없다는 것이다. 우리는 한 번에 한 걸음씩 작은 발걸음을 내딛을 수 있다. 우리에게는 아직 남은 인생이 있으니 참을성을 가져라. 마음을 편히 갖고 자신이 되고자 하는 사람이 되어가는 과정을 진심으로 즐겨라!

34
모험 없이는 성장도 없다
Growing Means Risking

거북을 보라.
거북은 목을 밖으로 뺄 때만 앞으로 걸을 수 있다.
― 작자 미상

내 시아버지인 폴은 진심으로 좋아하지도 않던 한 직종에 평생을 바쳐 일했다. 은퇴 후 폴은 빌에게(내 남편 빌은 두 번 직업을 바꾼 후에 마침내 자신이 사랑하는 일을 찾았다.) 지나고 보니 위험을 감수하고 다른 일을 해보지 못한 걸 후회한다고 고백했다. 너무나 많은 이들이 인생의 기로에서 가장 저항이 없는 안전한 길을 택하곤 한다. 그리고 나서 남은 인생 동안 그 길을 택한 걸 후회하며 살아간다. 로버트 프로스트는 이렇게 말했다.

숲에 두 갈래의 길이 나 있었지. 그리고 나는
인적이 뜸한 길을 택했지.
그리고 그것이 모든 걸 변화시켰지.

우리는 앞으로 갈 때마다 미지의 세계를 여행하게 된다. 새로운 생각이나 행동을 시도할 때마다 우리는 편안하고 익숙하며 안전한 것들을 잃는 모험을 감수해야 한다. 이 일에는 용기가 따른다. 바닷가재가 자라기 위해서는 껍질을 벗어야 한다. 껍질을 막 벗어던진 바닷가재는 새로운 껍질이 완전히 자라기 전까지 매우 연약한 존재이다. 그건 마치 걸음마를 배우는 아이와도 같다. 뒤뚱거리며 한 걸음 한 걸음 내딛을 때마다 아이는 균형을 잃고 넘어지거나 때로는 다치기도 한다. 하지만 그런 과정 없이 걷게 된 사람이 있는가?

우리는 변화하는 과정에 있을 때 더 연약하게 느껴지고 두어 번 굴러 떨어져 다칠 수도 있다. 하지만 그런 과정 없이 성장할 수 있을까? 오로빈도Aurobindo(인도의 사상가 - 옮긴이)는 이렇게 말했다.

"인생이란 끝없이 엎어지고, 또 툭툭 털고 일어나서 수줍게 신God을 바라본 후에 또 다시 한 걸음 내딛는 과정이다."

아래의 내용을 곰곰이 생각해 보아라.
- 도전하지 않는다면 결코 승리의 환희를 맛볼 수 없다.
- 몇 번의 모험 끝에 성공과 실패를 경험했다면, 실패는 그다지 힘들지 않은 반면 성공은 아주 멋지다는 걸 알게 될 것이다. 그러면서 우리는 도전하는 데 더욱 자신감을 얻게 되고 심지어는 더욱 열광적으로 도전할 것이다.
- 성장으로 가는 길에는 모험이 뒤따른다는 것을 명심해라. 그 외의

모든 길은 정체로 가는 길이다.

이 책에 나온 내용들 중 하나라도 시도해 보는 일처럼, 발전적으로 한 걸음씩 내딛는 일은 스스로의 목을 쭉 내밀고 새로운 영역을 향해 나아가는 것과 같다. 이러한 방법을 통해야만 우리는 성장할 수 있다.

예를 들면 중년의 나이에 공부를 하겠다고 학교에 다니는 성인남녀들의 경우 가족과 친구들의 심기를 불편하게 만드는 위험을 감수해야 한다. 또한 자신들보다 한참이나 어리고 요즘 사고방식에 익숙한 학생들과 마주 대해야 하는 것도 모험이며, 그동안 힘들게 쌓아온 가계의 안정도 흔들릴 수 있다.

하지만 일단 새로운 길에 모든 걸 쏟아 붓는다면 이제껏 경험하지 못했던 놀라운 일들이 생기게 된다. 우리 앞에 새로운 문이 열리는 것이다. 이전에는 꿈도 꾸어보지 못했던 기회들이 나타날 것이다. 우리 앞의 길을 따르면서 새로운 사람들을 만나기도 하고, 그 길을 함께 걸으며 서로를 도울 수도 있다. 그러는 동안 이제껏 알지 못했던 추진력과 에너지, 그리고 들뜨고 신나는 기분을 느끼게 될 것이다.

마흔일곱 살인 조이스는 연구실에서 분자생물학에 관한 연구를 하는 일이 점점 더 답답해지고 불만족스럽게 느껴졌다. 많은 사람들이 보기에는 멋진 직업이었지만 그녀 스스로는 뭔가 잘못되었다는 느낌을 피할 수 없었다. 사실 그녀는 어렸을 때부터 그림 그리는 걸 좋아했지만, 가족들과 교사들은 그녀가 재능을 보인 과학 분야로 가야 한다고 설득했기 때문에 그녀는 결국 단 한 번도 그림에 대한 자신의 열정을 펼쳐 보지 못했던 것이다.

그러던 어느 날, 그녀는 충동적으로 근처에 있는 미술학교에 가 보고는 그 길이야말로 자신이 가야 할 길이라고 생각했다. 다행히도 조이스에게는 그동안 모아둔 덕분에 잠시 일을 접어도 될 만큼 충분한 자금이 있었고, 그 돈으로 미술학교에 등록했다. 4년 동안 그녀는 새로운 미술 장르와 기법을 배우고 실험하며 매순간을 즐겼다. 현재 그녀는 어린이책 전문 일러스트레이터로 경력을 쌓고 있다. 그녀는 다방면에서 활짝 피어난 것 같았다. 예전의 그녀는 다소 심각하고 신중한 성격이었던 반면 지금은 늘 웃고 농담을 쏟아내며 유머 감각을 마음껏 펼쳐 보이고 있다. 그녀에게 이런 면이 있을 줄은 그녀 자신도 몰랐을 것이다. 또한 그녀는 그 누구보다 마음이 맞는 친구들을 사귀게 되었으며, 지금 이 길이야말로 자신이 찾던 인생이라고 느끼고 있다.

이 질문에 대한 답을 적어 보아라.

1. 새로운 길을 선택했을 때 닥칠 어려움들이 두려워서 그 길을 택하는 걸 포기한 적이 있는가?

2. 모험을 해서 실패했을 때 일어날 수 있는 최악의 상황은 무엇인가?

3. 모험을 해서 성공을 거두었을 때 일어날 수 있는 가장 좋은 일은 무엇인가?

4. 자신이 모험을 감수했을 때 어떤 일이 일어나겠는가?

5. 모험을 하지 않은 데 대해 앞으로 5년 후에는 어떻게 느끼겠는가?

두려워 말고 마음이 원하는 길을 찾아서 그 길을 가라. 마음으로부터 진심으로 원하는 목표를 따른다면 새로운 힘과 열의가 샘솟고, 하늘을 나는 듯 떠다니는 기분마저 느끼게 될 것이다.

> 할 수 있고, 꿈꿀 수 있는 것이라면
> 뭐든지 시작하라.
> 대담함에는 천재성과 힘, 그리고 마법이 숨어 있으니.
> 바로 지금 시작하라!
> — 괴테

35
두뇌를 성장시켜라
Grow Your Brain

> 우리가 스스로를 기르고 가꾼다면
> 우리는 성장할 것이다.
> 이것이 변치 않는 자연의 섭리이다.
> — 괴테

정신적 도전mental challenge이 뇌의 성장을 자극할 수 있을까? 물론 그렇다! 자꾸 쓰면 자라고, 안 쓰면 그 기능이 사라진다는 사실은 우리 뇌에도 그대로 적용된다.

연구에 따르면 쳇바퀴, 사다리, 미로 찾기 등 놀잇감을 늘 바꾸어줌으로써 정신적 도전과제에 많이 노출된 쥐들이 음식과 물만 주고 그 외의 어떤 두뇌 자극도 받지 못한 쥐들에 비해 훨씬 더 두뇌가 커지고 발달되었다고 한다. 무엇보다도 흥미로운 결과는 이런 차이가 나이와 상관없이 나타났다는 것이다. 자극을 받은 늙은 쥐는 같은 자극에 노출된 어린 쥐와 동일한 수준으로 두뇌가 성장했다. 게다가 정신적 자극을 받은 늙은 쥐는 더 젊고 건강하며 활기차지기까지 했다. 이들은 더 잘 배웠고, 기억력도 좋았으며 어려운 미로를 잘 통과하는 등 문제해결력도 뛰어났다. 그리고 이들은 어린 쥐들과 어울리며 잘 뛰놀고 즐겁게 지냈다.

다행인 것은 이러한 결과가 인간에게도 동일하게 적용된다는 것이다. 우리가 평생 동안 두뇌를 자극시킨다면 우리의 두뇌는 서서히 발달하게 된다.(특별한 두뇌 이상만 없다면 말이다.) 나이가 들면서 뇌의 기능이 필연적으로 떨어진다는 것은 틀린 믿음이다. 나이와 상관없이 뇌는 사용하지 않으면 기능이 쇠하고, 끊임없이 자극받는다면 건강한 상태를 유지하며 심지어는 더 발달하기도 한다!

"80세에도 30세의 두뇌를 가질 수 있습니다. 뇌를 열심히 쓰기만 한다면 말이죠."

신경학자인 아놀드 쉬벨Arnold Scheibel 박사의 말이다. 즉 우리의 몸처럼 우리의 두뇌도 규칙적인 운동이 필요하다. 늘 두뇌를 자극시키는 사람들은 정신이 약해지지 않는다.

조지아 오키프Georgia O'Keeffe는 99세의 나이로 숨을 거두는 마지막 순간까지 위대한 예술 작품을 창조했다. 조지 번즈George Burns(미국의 코미디 배우 - 옮긴이) 역시 99세로 생을 마감하기 전까지 활기차고 즐거운 정신 상태를 유지했다. 심지어는 대부분의 사람들의 수명이 50세도 채 되지 못하던 수 세기 전에도 수학자이자 물리학자인 아이작 뉴턴 같은 사람은 85세로 생을 마칠 때까지 창조적이며 위대한 생각들을 발전시켜 나갔다.

좋은 소식이 하나 더 있다. 늘 두뇌를 자극하는 사람들은 육체적, 정신적, 정서적으로도 더 건강하다는 것이다. 우리의 몸과 마음은 서로 연결되어 있어서 몸의 한 부분이 바뀌면 나머지 부분도 영향을 받게 된다. 즉 두뇌가 건강해지면 다른 부분도 덩달아 좋아진다.

뇌를 건강하게 유지하고 발달시키는 비결을 소개한다.
- 다양한 활동에 참여하라. 우리의 모든 감각을 자극시켜라. MRI를 통해 두뇌를 정밀검사 해 본 결과 어떤 감각 능력을 자극하느냐에 따라 뇌의 발달부위가 달라진다는 걸 알 수 있었다.
- 현재 흥미를 갖고 있는 것뿐만 아니라 새로운 분야에도 관심을 갖고 도전해라. 그림 그리기나 라인댄스, 팬플룻을 배워도 좋고 동양 철학을 공부해도 좋다. 새로운 기술을 익히고 새로운 분야를 공부해라. 손으로 직접 뭔가를 만들어 보거나 사회단체에 참여해 보는 것도 좋다. 하고 싶은 일이라면 뭐든 찾아서 해 보아라.
- 마음속 안테나를 늘 빙글빙글 돌리며, 새로운 경험과 새로운 도전, 새로운 배울 거리들을 찾아 나서라.
- 늘 질문을 하고 해답을 구하라. 모든 일에 호기심을 갖고 파닥거리며 답을 찾아라.

이 일이 어렵게만 느껴진다 해도 너무 걱정할 필요는 없다. 우리의 두뇌를 끊임없이 자극할 필요는 없다. 해변으로 밀려들어 왔다가

물러나는 파도처럼 배움의 과정도 모든 걸 집중해서 쏟아 부은 후에는 잠시 물러나 쉴 필요가 있는 법이다. 서두르지 말고 천천히 배움을 쌓고, 숙고하고, 음미하여라. 그리고 나서 다시 도전하고, 진심으로 즐겨라!

36
배움은 곧 성장이요, 성장이 곧 배움이다
Learning Is Growing, Growing Is Learning

우리가 가진 지식과 마음을 다해
다다를 수 있는 한 가장 멀리 나아갈 때야
비로소 행복이 찾아온다.
— 레오 로스텐

아무리 위대한 천재라도
모든 것을 자신의 내면에서만 이끌어 내려 한다면
세상에 별 도움이 되지 못한다.
— 괴테

지식이 없으면 힘도 없다.
— 랠프 월도 에머슨

엄청나게 커다란 퍼즐에서 떨어져 나온 하나의 퍼즐 조각을 손에 들고 있다고 생각해 보자. 이 퍼즐 조각을 손에 꼭 쥐고 궁리해 보라. 뭐가 보이는가? 이 작은 퍼즐 조각 하나는 세상을 보는 현재의 시각이며, 완성된 퍼즐은 세상의 모든 지혜를 나타낸다고 가정해 보자. 퍼즐을 완성시키기 위해서는 평생을 바쳐도 모자랄지도 모른다. 하지만 새로운 퍼즐 조각을 하나씩 맞춰 갈 때마다 우리는 더 지혜로워진다.

어떤 이들은 작은 조각 몇 개만 맞추고는 세상에 대한 단 하나의 명확하고 한정된 시각만을 갖는 것으로 만족한다. 이들에게는 새로운 조각을 하나 더 맞추는 일, 즉 새로운 시각으로 세상을 보는 것이 두렵고 혼란스러우며 불편할 뿐이다.

주변에서 새로운 것을 배우는 걸 포기한 사람들을 본 적이 있는가? 이들과 함께 있는 것이 즐거운가? 이런 사람들은 자기 믿음만 옳다고 생각하며 속이 좁고 외로우며 불행해 보이지 않던가? 그들을 알고 지낸 후부터 그들이 조금이라도 성장했는가?

반면 우리 주변에는 고양이처럼 늘 호기심으로 가득 차 갖가지 흥밋거리를 찾아 인생의 구석구석을 헤집고 다니며 탐험하는 사람도 있다. 이들은 인생의 큰 그림을 완성하기 위해 늘 마음을 열고 새로운 정보를 찾아 헤매는 사람들이다. 또한 이들은 적극적이고 활동적이며 늘 성장하고, 행복한 삶을 즐기며 산다. 이런 사람들은 나이를 먹지 않는다. 또한 주변에는 이들과 친구가 되고 싶어 하는 사람들로 바글거린다.

인생은 끝없는 배움의 길이다. 저명한 성인정신계발 전문가인 워너 차이K. Warner Schai 박사에 따르면 정신적 자극을 회피하는 중년들은 나이가 들어감에 따라 정신적, 육체적으로 급격히 쇠약해진다고 한다. 반면 늘 배우는 사람들은 정신적, 육체적으로 훨씬 덜 약해진다.

옛날 중국 여인들이 전족의 관습 때문에 발이 정상적으로 자라지 못하고 비틀어지는 고통 속에서 살았던 것처럼, 우리가 살아가는 동안 우리의 천성인 배움과 성장을 가로막는 일은 우리의 영혼과 정신을 잡아 비트는 것이나 마찬가지다.

우리가 배움을 멈추고 친숙하고 낡은 사고방식과 생각에 사로잡혀 스스로를 박제화시킨다면 우리는 점차 시들어버리고 화석화된다. 우리는 결코 세상 모든 걸 알 수는 없으며 그렇게 생각하는 순간 배움을 멈추게 되고 결국 늙게 된다. 아주 간단한 이치이다. 이렇게 생각해 보라. 배우지 않는다면 성장할 수 없고, 성장이 없다면 배움도 없다. 배움을 통해 우리는 인생에 대한 이해를 넓힐 수 있다. 이것이 바로 성장이다.

헬렌이 아흔두 살의 나이에도 불구하고 나이를 불문한 모든 사람들을 매료시키는 이유도 여기에 있다. 헬렌은 무척이나 호기심이 강하고, 늘 책을 읽으며, 핵심을 찌르는 질문을 한다. 또한 자신과 다른 생각에 대해서도 열려 있다. 헬렌의 마음속 안테나는 끊임없이 빙글빙글 돌며 더 넓은 그림을 찾아 헤매고 있다. 몇 년 전, 헬렌은 넘어져 발목이 부러진 적이 있다. 헬렌을 치료하러 온 의사는 헬렌을 보고 이렇게 말했다.

"차트에서 부인의 나이를 보고 매우 늙은 할머니이실 거라고 생각했는데 직접 보니 전혀 그런 생각이 안 드네요."

과연 그랬다!

핵심을 정리하면 다음과 같다. 배움에는 두 가지가 있다. 하나는 일상적인 배움basic everyday learning이며, 두 번째는 변화를 불러오는 배움transformative learning이다. 일상적인 배움은 새로운 단어를 익히는 것처럼 이전에 몰랐던 새로운 것을 배우는 걸 말한다. 이런 것들은 우리를 근본적으로 변화시키지는 않지만 우리의 부족한 부분을 메워주기 때문에 유용하다.

반면 변화를 불러오는 배움은 우리를 불안하게 한다. 이런 배움은 우리의 관습적인 사고를 뒤흔들어 놓는다. 또한 우리 마음을 새롭게 짜맞추고, 세상을 더 성숙한 눈으로 보게 해 준다. 우리가 성장하기 위해서는 바로 이러한 배움이 필요하다.

1985년에 중국을 방문했을 때, 세상을 보는 나의 관점은 완전히 변했다. 우리 여행의 목적은 중국의 현재 모습을 알기 위한 것이었기 때문에 나는 몇 달에 걸쳐 중국에 관한 상당량의 책을 미리 읽어두었다. 그곳에 머무르며 우리는 다양한 방면의 사람들과 작은 모임을 만들어 회의를 했다. 그러면서 서서히, 그리고 부지불식간에 문화 혁명의 끔찍한 흔적이 되살아나는 걸 느낄 수 있었다. 문화 혁명 당시 명망 있는 학자들과 뛰어난 예술가들이 광기에 찬 사나운 폭도들에게 구타당하고 고문당했으며 심지어는 죽임을 당하기도 했다.

고대로부터 내려오던 유서들과 의학서, 철학서 등 수백만 권의 책들이 불태워졌다. 수천 년 동안 간직되어 오던 학술적, 예술적 보고들이 무참히 파괴되었다.

정부가 대학살을 부추겼기에 약탈자들을 막을 수 있는 건 아무것도 없었다. 숙청될 것이 두려워 여기에 대해 시위하는 사람도 없었고, 그 어떤 사설이나 논평도 없었으며 시민 단체 역시 소리를 내지 못했다.

이런 경험을 하기 전까지 나는 시위자들, 특히 나와 다른 관점을 갖고 시끄럽게 언성을 높이는 시위자들에 대해 반감을 느끼곤 했었다. 비교적 깔끔하고 잘 다듬어진 서구사회에서 자라서인지 나는 그런 사람들이 도가 지나치다고 생각했던 것이다. 하지만 중국에 와서 더 큰 세상을 보고 난 후부터는 가장 급진적인 시위자들조차 우리 사회의 균형을 유지하는 데 도움이 된다는 걸 깨닫게 되었다. 다른 의견이 목소리를 내지 못하고 침묵할 때 문화 혁명이나 홀로코스트 같은 끔찍한 일이 우리 사회를 점령하게 되는 것이다.

일생 동안 배우기 위한 방법은 다음과 같다.
- 늘 열린 마음을 가져라.(귀가 따갑도록 반복되는 말이지만 성장을 이루기 위해서 꼭 필요한 이야기라는 걸 명심해라.) 새로운 생각들이 우리가 관습적으로 보는 세상의 모습과 완전히 달라서 우리를 불편하게 만들지라도 늘 열린 마음을 가져라. 그래야만 우리는 배울 수 있다. 가

장 긍정적인 변화라 할지라도 모든 변화에는 두려움이 따르는 법이다.

- 책을 읽고 또 읽어라. 새로운 방면의 배울 거리를 찾아 열중해라. 다양한 관점을 이해하는 걸 목표로 삼아라. 다른 인종, 다른 문화권, 다른 종교를 가진 작가들이 쓴 책을 읽음으로써 새로운 관점을 배울 수 있다.

- 자신과 다른 사람들을 알고 이해해라. 이들의 사고방식을 이해하려고 노력해라. 인생이라는 프리즘에 맺히는 모든 상象을 낱낱이 탐구해라. 자신만의 좁은 관점에서 세상을 보는 일만큼 쉽고 편한 일은 없다.

- 우리와 다른 인생을 걸어온 사람들을 가르치거나 돕는 일에 자원해라. 그러면 이들에게 오히려 배움을 얻을 수 있다.

- 살고 있는 지역 대학이나 새로운 지식을 얻을 수 있는 곳이라면 어디에서든 관심 있는 분야의 수업을 들어라.

- 이해하지 못했을 때 질문하는 걸 두려워 마라. 질문을 하면 멍청해 보일 거라 생각하지 마라. 멍청함이란 자신이 알아낼 수 있는

만큼 알아내지 못하는 것이다. 내가 중년의 나이에 대학원에 다닐 때 나는 나보다 거의 열 살 이상이나 어린 학생들과 같이 수업을 들었다. 나는 너무 오랫동안 학교를 떠나있었고, 배우는 주제에 대해서도 한참이나 뒤떨어져 있었기에 선뜻 질문하기 어려웠고, 또한 바보처럼 보일까봐 두려웠다. 하지만 마침내 내 호기심이 두려움을 이기게 되었고, 내가 질문할 때마다 함께 수업을 듣는 학생들은 이렇게 말하곤 했다.

"맞아요. 나도 그게 궁금했어요."

- 자신에게 새로운 주제를 다루는 유용한 TV 프로그램을 시청해라.

- 인터넷 사용법을 익혀라. 인터넷은 새롭고 흥미로 가득 찬 세상이다. 손가락을 몇 번 두들기는 것만으로 거의 무한한 배움의 길이 열리는데 이걸 놓치고 싶은가? 그리고 인터넷 사용법을 익히는 일 그 자체로도 두뇌 발달에 도움이 된다.

- 여유와 자금이 있다면 여행을 통해 배워라. 1984년에 루스와 수 부부는 민주주의 국가에서 사는 미국인들과 공산주의 국가에서 사는 사람들의 태도를 비교해 보기 위해 러시아로 여행을 간 적이 있다. 이들은 여행을 통해 인생과 사람들에 대해 이전에 갖고 있던 생각들이 엄청나게 변화하는 경험을 했다. 이들은 끊임없는 억

압은 성인 남녀는 물론이고, 심지어는 아이들의 창조적인 생각까지도 깊게 억누른다는 걸 깨달았다.

- 다른 사람들의 말에 주의를 기울이며 들어라! 우리는 모든 사람으로부터 배울 수 있다.

- 다시 한 번 강조하지만 언제나 호기심을 가져라. 끊임없이 탐험하고 끝없이 질문을 던져라. 늘 연구하고 배우고 성장할 수 있는 길을 찾아라.

세상은 우리 생각보다 훨씬 더 빨리 변하고 있다. 끊임없이 새로운 기술이 등장하고, 새 지도를 살 틈도 없이 지명이나 국경이 속속 바뀌고 있으며, 과학은 비약적으로 발전하며 인생과 자연에 대한 우리의 관점을 끊임없이 바꿔놓고 있다. 이들은 끊임없이 우리에게 손짓하고 있다. 어서 와서 변화 속에 합류하라고!

37

보조를 맞추어라
Pacing Helps You Grow

인생의 유일한 목표는
진정한 자기 자신이 되는 것이며,
또한 우리의 타고난 능력을 실현하는 것이다.
―로버트 루이스 스티븐슨

따끈따끈하고 유용한 정보가 하나 더 있다. 뇌를 끊임없이 성장시킬 수 있는 가장 확실한 방법은 보조를 맞추는 것이다. 보조를 맞춘다니 도대체 그게 무슨 뜻일까? 이는 자기보다 실력이 조금 더 나은 사람과 테니스를 치는 것과 같다. 이럴 때 우리는 실력이 가장 빨리 늘게 된다. 어려운 책을 읽는 것도 마찬가지다. 처음에는 도대체 이게 어느 나라 말인가 싶어도 저자가 말하는 새로운 사고방식을 이해하려고 노력하며 읽다 보면 지식의 폭을 넓힐 수 있다. 자기보다 실력이 조금 나은 테니스 선수나 조금 어려운 책은 우리가 현재 수준을 넘어서서 자신의 능력을 있는 힘껏 펼칠 수 있게 해 준다.

개 경주dog race에서 경주견들이 더 빨리 달릴 수 있도록 고안된 개들보다 조금 앞서서 달리는 기계 토끼처럼 도전적인 생각들은 개인적 성장을 이루는 데 보조를 맞춰 준다. 내가 맨 처음 대학원 과제를 할 때, 나는 전공 분야의 전문가가 쓴 책을 읽고 이렇게 생각했다.

"정말 형편없는 글이군. 도대체 무슨 소린지 하나도 모르겠어."

하지만 나는 그 책에 나오는 개념에 대해 이해해야만 했기 때문에 그 책을 붙들고 앉아 어떻게든 읽어내려고 끙끙댔다. 마침내 그 책을 이해하게 되자, 내가 허튼소리라고만 생각했던 것은 그 책이 내 이해 범위를 넘어서 있었기 때문이라는 걸 깨달았다. 그리고 나는 뭔가를 이해하기 위해서 안간힘을 쓰며 있는 힘껏 노력해야만 새로운 단계로 나아갈 수 있다는 걸 배웠다.

우리의 보조를 맞춰 주는 것이 테니스 선수이건, 책이건, 기계 장치로 된 토끼이건 간에 가장 중요한 것은 우리 수준과 지나치게 떨어져 있지는 말아야 한다는 것이다. 수준 차이가 지나치게 나면 우리는 곧 좌절하고 포기하게 된다. 현재 자신의 수준보다 한 단계 정도 높은 수준이 가장 좋다. 우리는 한달음에 먼 거리를 도약하는 대신 한 번에 한 단계씩 차분히 밟아 나가며 성장하기 때문이다.

나이가 들어서도 끊임없이 성장을 이루는 성인들에 대해 깊이 연구한 결과 나는 놀라운 사실을 발견할 수 있었다. 그 비결은 바로 보조 맞추기에 있었다. 연구의 참여자들은 약간 어렵고 불편한 기분이 드는 수준으로 보조를 맞추며 어려운 생각들을 이해하려고 노력할 때 가장 획기적인 성장을 이루었다. 이들의 마음은 새로운 경지로 한 단계 올라섰다. 자신보다 실력이 좋은 테니스 선수와 경기하는 것처럼 우리가 있는 힘껏 쭉 뻗어나갈 때, 비록 조금 고통스러울지라도 우리의 실력은 부쩍 늘게 된다.

웨스트코스트에 있는 한 대기업의 최고 임원인 데이브는 이러한 방식이 업무에 큰 도움이 된다고 했다.

"당신에게 도전하고 당신을 힘들게 하는 사람들을 피하지 마세요. 자신에게 새로운 걸 제안하고 건설적인 비판을 하는 사람들과 적극적으로 대화하고 교류해 보세요. 이는 우리가 성장할 수 있도록 거저 주어진 기회나 마찬가지니까요."

보조 맞추기가 우리의 성장에 좋은 자극이 된다는 데 기꺼이 공감할 수 있지 않는가?

이렇게 해 보자.

1. 우리의 행동과 능력, 이해와 사고를 한 차원 높여줄 수 있는 사람이나 기회를 주의 깊게 찾아보라.

2. 그 일을 해내는 것이 조금 불편하고 힘들어도 도중에 포기하지 마라. 힘들다는 것은 곧 효과가 있다는 뜻이다.

3. 다양한 방면에서 우리에게 자극을 주는 활기찬 사람과 관계를 맺

어라. 성장 배경과 관심사, 사고방식이 우리와 완전히 다른 사람들도 만나 보아라. 어떻게 그런 관계를 맺을 수 있을까? 밖으로 나가 좋아하는 일을 하며, 늘 호기심을 곤두세운 채 마음을 열고 배우며 성장한다면 그런 사람들은 저절로 다가올 것이다.

4. 자신이 하고자 하는 분야에서 있는 힘껏 최선을 다해라. 이는 아주 들뜨고 멋진 경험이 될 것이며 분명 효과가 있을 것이다!

먼지가 되느니 차라리 재가 되리라.
내 생명의 불꽃이
푸석푸석하게 메말라 꺼지게 하느니
찬란한 빛으로 타오르게 하리라.
죽은 듯이 영구히 사는 행성이 되느니
내 모든 원자가 밝게 타오르는
화려한 유성이 되리라.
인간의 진정한 소임은
그저 존재하는 것이 아니라, 생존하는 것이다.
나는 단지 연명하기 위해
내 인생을 낭비하지 않으리라.
나는 내게 주어진 시간을
온전하고 충실히 살아가리라.

— 잭 런던

PART 07
소통의 기술

The Power of Communicating Well

38

경청하라
The Power of Listening

현명한 사람들은 할 말이 있을 때만 말한다.
바보들은 말해야 하기 때문에 말한다.

—플라톤

잘 들어주는 사람만큼 매력적인 사람은 없다. 엘리노어 루스벨트는 늘 다른 사람이 이야기하는 동안 한눈팔지 않고 온전히 집중해서 들어주는 흔치 않은 태도로 많은 이들의 사랑을 한몸에 받았다. 그녀는 누구와 대화하건 간에 그 사람이 가치 있고 중요한 존재라는 느낌을 갖게 해 주었다.

이전까지 나는 내가 다른 사람의 말을 잘 들어준다는 자부심을 갖고 있었다. 하지만 내가 대학원 지도교수인 애나와 전화로 한 회의의 녹음 내용을 다시 들어보았을 때, 내 자부심은 산산이 깨어졌다. 나는 대화 중 끊임없이 그녀의 말에 끼어들곤 했던 것이다. 그녀의 생각에 대해 열정적으로 내 의견을 표시한 경우가 대부분이었지만 이러한 내 태도로 인해 그녀의 생각의 흐름이 곧잘 끊어지곤 했다. 그 이후로 나는 다른 사람이 말할 때 잘 듣고 있다는 표시로 이따금씩 "그래, 맞아." 라고 맞장구만 칠 뿐, 도중에 말을 끊지 않으려고 늘 신경을 썼다.

얼마 전, 남편과 저녁을 먹으러 식당에 갔을 때 남편은 몇 자리 떨어진 테이블에 앉아 있는 여성을 보며 이렇게 말했다.

"저 여자분을 보고 있자니 정말 대단해. 상대방이 하는 이야기를 정말 전념해서 듣고 있거든. 몸을 약간 앞으로 숙이고 상대를 똑바로 바라보며 이야길 듣고 있어. 상대방의 말을 끊지 않을 정도로 이따금씩 맞장구도 치면서 끝까지 들어주는 저 태도를 봐. 거리에서 마주쳤다면 별로 눈에 띄지 않을 평범한 여자인데, 상대의 말에 저렇게 관심을 갖고 들어주는 태도를 보니 매력이 흘러넘치는걸."

빌과 나는 다른 사람의 말을 잘 들어주는 사람이 흔치 않기 때문에 이 여성의 태도가 그토록 돋보이는 것이 아닐까 하는 생각이 들었다.

다른 사람과 의사소통을 더 잘하고 싶다면 먼저 자기 자신의 태도에 주의를 기울여라. 우리는 다른 사람의 말에 진심으로 귀를 기울이는가? 다른 사람의 말에 끼어들지 않고 끝까지 들어주는가? 듣기보다는 주로 말하려고 하는 편은 아닌가? 자신이 이야기하는 동안 상대방이 안절부절못하거나 시선이 흐트러지지는 않는가? 다른 사람이 이야기할 때 자신은 다음에 무슨 말을 할지부터 생각하지는 않는가? 다른 사람의 말을 잘 듣기 위해서는 주의 깊은 태도와 인내심을 갖는 동시에 상대방이 말하고자 하는 바를 진심으로 이해하려는 마음가짐을 가져야 한다.

다음과 같은 실험을 해 보자.

1. 앞으로 한 주 동안 배우자나 가족, 친구, 동료 등 누구와 대화하든 간에 상대방의 말에 한눈팔지 말고 온전히 집중해서 들어라.

2. 자신의 관점이 아닌 상대방의 입장에서 이해하려고 노력해라.

3. 자신이 다음에 무슨 말을 할지 생각하지 말고 집중해서 들어라.

4. 상대방이 할 말을 모두 끝낸 다음에 말해라.

5. 듣고 이해한 바에 대해 깊이 숙고한 후, 상대방에게 명쾌하고 간단히 자신의 의견을 말해 주어라.

6. 일주일 동안 이런 방식으로 다른 사람의 말을 들어준 후에, 다른 사람과의 관계에 어떤 변화가 있었는지 살펴보아라.

우리는 모두 주위에서 말이 지나치게 많은 사람을 알고 있을 것이다. 이런 사람 옆에 있는 것은 고역이다. 볼테르는 "다른 사람들을 지루하게 만드는 비결은 모든 주제에 대해 떠들어대는 것이다."라고 말했다. 사실 이러한 태도는 듣는 사람을 지루하게 만들 뿐만 아니라 매우 무례한 태도이다. 나는 내 스스로에게 늘 이렇게 되뇌곤 한다. 우리는 말하는 동안 아무것도 배울 수 없다. 우리는 들을 때야 비로소 배움을 얻게 된다.

주의 깊게 듣는 태도는 상대를 기분 좋게 할 뿐만 아니라 상대에 대한 최고의 찬사이다. 또한 사람들과의 관계를 맺는 데도 큰 도움이 된다.

39
공감의 힘
Listen to Understand: The Power of Empathy

성공의 비결은 다른 사람의 입장을 이해하고
자신의 입장과 아울러
상대방의 입장에서 세상을 볼 줄 아는 능력이다.

─헨리 포드

이 책을 읽는 독자들에게 공감empathy에 대해 명확히 설명하기 위해 서른일곱 살의 기상학자인 내 친구 리사 이야기를 꺼내야겠다. 그녀는 보다 도전적인 일을 찾던 중 마침내 자신이 보낸 지원서에 대한 세 통의 답변을 받았지만 불행히도 세 통 모두 불합격이라는 통지였다. 우리가 이 일로 대화를 나누던 중, 리사는 별안간 얼굴이 확 밝아지며 이렇게 말했다.

"지원서를 쓸 때 난 내가 직업을 구한다는 데만 신경썼을 뿐, 그들의 관점과 그들에게 필요한 것에 대해서는 진심으로 생각해 보지 않았어. 즉 나는 그들과 공감하지 못했던 거지. 그렇지 않니?"

그리고 나서 리사는 한 통의 지원서를 더 썼다. 이번에는 자신이 지원서를 받는 사람이라고 상상하며 그 조직이 목표를 달성하는 데 자신이 어떤 도움이 될 수 있을지에 대해 썼고, 그 결과는 물론 성공적이었다. 그녀는 마침내 그 직업을 얻은 것이다.

우리는 흔히 공감empathy과 연민sympathy을 혼동하는 경향이 있다. 연민이란 다른 사람을 불쌍하게 생각하는 감정이다. 반면 공감은 다른 사람이 느끼는 것을 함께 느끼는 것이다. 즉 "정말 안됐어." 또는 "정말 유감이야." 라고 말하는 것은 연민이며, "네가 정말 마음이 아프겠구나." 또는 "네가 얼마나 실망했을지 알 것 같아." 라고 말하는 것은 공감하는 태도이다. 즉 다른 사람의 입장에서 그 사람의 경험을 정서적, 감정적으로 함께 나누는 것이 바로 공감이다.

다른 사람에게 공감을 느끼기 위해서 이렇게 해 보아라.

1. 상대방의 입장에서 그 사람의 경험을 이해하며 들어라. 상대방의 눈으로 세상을 보려고 노력해라.

2. 상대방에 대한 어떤 판단이나 비판도 하지 말고, 가치 있고 고유한 존재로서 무조건적으로 그 사람을 받아들여라.

3. 주의 깊게 듣고, 태도와 말로써 자신이 상대를 이해하고 있다는 걸 느끼게 해 주어라.

교사와 심리치료사, 부모들은 공감을 통해 학생과 환자, 자녀들을 더 잘 이해할 수 있다. 또한 영혼과 영혼이 만나 하나가 되는 결혼생활에서 깊은 만족감과 단단한 결속력을 갖기 위해서는 부부간에 서로 공감하는 태도가 꼭 필요하다.

> 공감은 머리뿐만 아니라
> 마음으로 듣는 것이다.

스스로에게 이렇게 자문해 보자. 다른 사람의 관점에서 보며 상대를 이해하려고 귀 기울여 듣는 일이 스스로에게도 도움이 된 적은 없는가? 보험 회사 중역인 로저는 이렇게 말했다.

"난 언제나 공감이야말로 좋은 인간관계를 쌓는 토대라고 생각해. 업무에서든 가족 간이든 가까운 친구 사이든 그리고 그 외의 모든 관계에서 공감이 기초가 되는 거지. 내 친한 친구들은 모두 공감을 잘 하는 사람들이란 걸 깨달았어. 지난 몇 년 동안 친구 중에서 도저히 참을 수 없는 녀석들이 몇몇 있었는데 지금 생각해 보니 그 이유를 알겠더군. 그 친구들은 공감하는 능력이라곤 손톱만큼도 없었던 거야. 안됐지만 우리는 결국 서로를 피하게 됐지."

마흔여섯 살의 비즈니스 컨설턴트이며 한 남자의 아내이자 아이들의 엄마인 앨리스는 이렇게 말한다.

"공감이란 감정은 표현하되, 상대방과 상대방의 입장을 뜯어 고치려 하지 않고 그저 함께 있어 주는 거예요."

이러한 태도는 자기 말에 귀를 기울여주고 이해해 주기를 바라며, 원치 않는 충고는 듣고 싶어하지 않는 10대들에게 큰 효과가 있다.

나는 이민 온 지 얼마 되지 않은 이민자들에게 영어를 가르치는 자원 봉사를 하고 있다. 학생들을 가르치며 나는 내가 맡은 학생들이 이 새롭고 혼란스러운 문화권에 이주해 오면서 겪는 경험과 고충, 그리고 감정을 이해하면 할수록 학생들이 더 편안하게 수업에 참여한다는 걸 깨닫게 되었다. 그러면서 나는 그들을 더 사랑하고 아끼고 받아들일 수 있게 되었다. 우리는 모두 이해받고 싶어하는 존재가 아닌가?

일과 개인적인 삶 모두에서 생각해 볼 것들은 다음과 같다.
- 이해하고자 귀를 기울일수록 상대방의 감정을 더 잘 이해할 수 있을 뿐만 아니라 그 사람이 그런 감정을 갖는 이유에 대해서도 알 수 있게 된다. 또한 상대방의 좋은 점을 발견하고, 상대의 본모습을 그대로 받아들이며 그 사람에게 더 깊은 관심을 갖게 된다.
- 공감은 인간관계를 더 깊고 충만하며 풍성하게 만든다.
- 공감은 하나의 관계뿐만 아니라 그 관계 속에 있는 모든 사람들을 변화시킨다. 그러므로 사람들 사이의 관계를 잘 유지하고 가꿔 나가는 일은 우리를 성장시킨다.
- 사람들이 서로 이해하고 서로를 받아들일 때 방어적이고 비판적

인 태도를 내려놓고 더 자유로워진다.

이렇게 해 보라.

친구나 동료, 혹은 연인과 대화할 때 그들의 말을 잘 듣고 그들의 감정을 주의 깊게 살펴라. 또한 상대방의 관점에서 그들이 하는 말을 이해하려고 노력해라. "정말 자랑스러웠겠구나." 등과 같이 상대에게 맞장구를 치며 당신이 그 사람을 이해하고 공감했다는 걸 보여주어라. 그 다음 상대방의 반응을 살펴보아라. 그러면 상대는 틀림없이 긴장이 풀리고 얼굴에는 즐거운 표정을 띠울 것이다. 그리고 당신에게 고맙고 따뜻한 마음을 돌려줄 것이다.

진심으로 다른 사람에게 공감하는 법을 배우는 일은 성숙함에 이르는 가장 중요한 발걸음이다. 공감하는 태도를 습관화해라. 그 힘은 우리 안에 있다.

40
비판을 선물로 받아들여라
Treat Feedback as a Precious Gift

자기 자신을 속이지 마라.
자기 자신을 속이는 일은 가장 쉬운 일이다.
— 리처드 파인만

우리에게는 누구나 사각지대가 있다. 우리가 습관적으로 뭔가를 할 때 우리 눈에 보이지도, 깨닫지도 못하는 그런 부분 말이다. 하지만 자신 이외의 주변 사람들에게는 그 부분이 아주 명확히 보인다. 자신이 잘 알고 있는 사람들을 떠올려 보자. 이들 중 대부분은 자신에게 해를 끼치는 행동을 부지불식간에 하지 않는가?

우리는 모두 자신 안에서 살고 있기 때문에 자신의 행동을 직접 볼 수 없다. 우리가 깨닫지 못하고 있지만 우리에게 해가 되는 나쁜 습관들을 발견하기 위해서는 다른 사람들의 조언이나 의견을 듣는 수밖에 없다.

쉰한 살의 주디는 마음씨가 곱고 친절하며 밝고 재능도 있었다.

하지만 그녀는 말이 너무 많은 반면 다른 사람들의 말에는 눈꼽만치도 귀를 기울이지 않았다. 그녀는 일과 인간관계에서 어려움을 겪었지만 스스로는 그 이유를 전혀 깨닫지 못했다. 남편과 친구들은 그녀에게 여러 가지 조언을 하려고 했지만 그녀는 전혀 귀담아듣지 않았다. 만약 주디가 다른 사람들의 조언을 소중히 받아들이고, 깨닫고자 하는 마음으로 들었다면 남편이 늘 "당신은 내게 말할 기회조차 주지 않는군."이라고 슬프게 말하는 걸 들을 수 있었을 것이다. 또 자신이 대화를 독점하고 있는 동안 다른 사람들이 안절부절못하고, 눈을 힐긋거리며 다른 데를 쳐다본다는 것 역시 깨달을 수 있었을 것이다. 그녀가 다른 사람들의 조언을 기쁘게 받아들인다면 그녀는 인간관계와 일에서 더 나아질 수 있을 것이다. 그리고 말을 덜 하고 다른 사람들의 말에 귀를 기울일 수 있게 될 것이다.

인상적인 삶을 살며 늘 성장하는 성인들에 대한 내 연구에서 놀라운 발견 중 하나는 활기찬 인생을 사는 사람들은 모두 다른 사람으로부터의 비판과 개인적 조언, 그리고 자신을 대하는 태도에 대해 늘 깊이 관심을 갖는다는 점이었다. 늘 배우는 자세로 살고 있는 리치 교수는 이렇게 말했다.

"가장 끔찍한 비난의 말 속에도 늘 세균 하나만큼의 진실은 있는 법이지."

워렌 버핏은 이렇게 말했다.

"자신의 방식대로만 밀고 나가서는 결코 성공할 수 없다."

더 활기차고 멋진 삶을 살기 위해 가장 중요한 것은 자신의 사각지대를 제대로 볼 줄 아는 것이다. 이렇게 할 때 우리는 자신에게 해를 끼치는 약점이 무엇인지 깨닫게 되고, 여기에 대처할 수 있게 된다. 그렇게 해야만 우리는 최고의 자기모습으로 살 수 있다.

홀로 두 아이를 키우며 힘들게 학교를 다니던 마리는 졸업과제를 끝내자마자 교생 실습실에서 바로 짐을 챙겨 집으로 돌아가려고 했다. 그러자 과제를 함께 끝낸 친구가 이렇게 말했다.

"마리, 축하 파티 안 할 거니? 넌 한 번도 축하를 한 적이 없잖아."

집으로 돌아가는 길에 마리는 이렇게 혼잣말을 했다.

"그의 말이 맞아. 난 한 번도 뭔가를 축하한 적이 없었지."

현재 마리는 많은 일에 축하하며 인생을 살고 있다.

자신의 사각지대를 찾는 가장 좋은 방법을 소개한다.
- 다른 사람들의 염려가 담긴 의견이나 비판을 소중한 선물처럼 받아들여라. 우리를 걱정하는 사람들은 우리를 도우려는 것이다.
- 다른 사람의 조언을 이해하지 못했다면 화내지 말고 부드럽게 그 의미를 물어보고 깊이 있는 대화를 나누어라.
- 조언을 들었을 때 부정적으로 받아들이지 않도록 주의해라. 자신의 사각지대 속에 깊숙이 숨겨진 행동들은 처음에는 믿기 힘든 법이다.
- 스스로가 문제를 깨닫지 못한다면 고칠 수도 없다는 걸 명심해라.

건설적인 비판에 마음을 열고 이를 받아들이는 데는 시간이 걸린다. 왜냐하면 우리 대부분은 비판을 들었을 때 자동적으로 화를 내거나 회피하고자 하는 습성이 있기 때문이다. 처음에는 그 사실을 받아들이는 것이 매우 힘들다. 하지만 일단 자신의 잘못된 행동을 깨닫기 위해 주의 깊게 조언을 듣는 일을 습관화한다면 우리는 더 멋지고 성숙한 삶을 살 수 있다. 그 힘은 로버트 번스Robert Burns(영국의 시인-옮긴이)의 시 속에도 찾아볼 수 있다.

> 다른 사람이 우리를 보는 시선으로
> 우리 자신을 볼 수 있게 해 주는 것은
> 우리에게 주어진 커다란 선물의 힘이라네.
> 그리고 이를 통해 우리는
> 중대한 실수에서 벗어날 수 있다네.

41

최선의 소통은 대화이다
Dialogue—A Better Way to Communicate

> 인간의 마음은 한번 새로운 경지에 이른 후에는
> 결코 이전의 차원으로 되돌아 갈 수 없다.
>
> —올리버 웬들 홈스

우리는 얼마나 의사소통을 잘 할까? 우리는 다른 사람의 말에 진심으로 귀를 기울이며 듣고 있을까? 위대한 물리학자 데이빗 봄David Bohm은 그의 저서 〈대화On Dialogue〉에서 오늘날 우리는 너무나 경쟁적이며 급변하는 사회 속에서 대화하는 능력을 점차 잃어가고 있다고 했다. 오늘날 우리는 대화가 아닌 논쟁discussion을 한다.

논쟁은 충돌이라는 의미의 단어 'percussion'과 충격이라는 의미의 단어 'concussion'과 같은 뿌리에서 나온 단어이다. 즉 우리는 마치 탁구 경기를 하듯 서로 간에 의견을 주고받으며 자신의 생각과 의견이 옳다는 걸 상대에게 관철시키기 위해 겨루고 있는 것이다. 상대방이 말하고 있는 동안 우리는 상대의 입장과 견해를 이해하기 위해 귀 기울여 듣기보다는 그 의견에 어떻게 반박할지에 대해서만 고민한다. 말하자면 우리는 자신의 생각과 다른 이야기를 진심으로 듣지 않는 것이다.

네 명의 친구들이 모여 저녁 식사를 하는 자리에서 마리화나를 합법화하는 것에 대해 어떻게 생각하는지에 대한 이야기가 나왔다. 조지는 이렇게 말했다. "음… 난 기본적으로 찬성이야. 법 집행에 드는 돈으로 마약 방지 교육을 할 수도 있지." 이 말을 들은 샐리는 이렇게 반박했다. "말도 안 돼! 어떤 이유에서건 마약을 합법화하는 건 절대 인정할 수 없어!" 스티브와 테스는 자신들의 생각을 말하려고 했지만 샐리는 이들이 말하는 내내 얼굴을 찌푸린 채 손을 내저으며 그 어떤 의견도 들으려 하지 않았다. 결국 이 논쟁을 통해 그 주제에 대해 뭔가를 배우거나 자신의 이해를 넓힌 사람은 아무도 없었다.

반면 그리스어에 뿌리를 두고 있는 대화dialogue는 사람과 사람 사이로 의미가 자연스럽게 흐르는 것을 뜻한다. 대화를 하는 사람들은 새로운 식견과 더 높은 수준의 이해를 얻고자 다른 사람의 관점을 통해 배우려고 노력한다. 대화에서는 모두가 승자인 셈이다.

어느 날 두 아들의 부모인 론과 디에나는 학부모 회의에 참석했다. 회의에서 론은 체벌에 대한 안건을 꺼냈다. 저마다 이 주제에 대해 확고한 의견이 있었기에 회의에 참가한 모든 사람들이 아이들을 매로 다스려야 하는지, 만약 그렇다면 언제, 그리고 왜 그런지에 대해 다양한 의견을 내놓기 시작했다. 모든 사람들이 다른 사람들의 의견을 진지하게 경청했고, 그 결과 활기차고 깊이 있으며 깨달음을 주는 대화가 이루어졌다. 참석자들은 모두 이 주제에 대해 더 깊이 알게 되었고, 대부분의 다른 문제들처럼 이 문제 역시 단순하지 않다는 사실을 이해하게 되었다. 이 문제에는 단순하고 딱 맞아떨어지는 명확한 답이 없었기에 가능한 다양한 입장에 귀를 기울여 듣는 일이야말로 가장 많은 걸 배울 수 있는 최선의 방법이었다.

불확정성 이론으로 널리 알려진 위대한 물리학자 베르너 하이젠베르크Werner Heisenberg는 파울리Pauli, 아인슈타인Einstein, 보어Bohr 등과 같은 천재적인 과학자들과 평생 동안 대화하며 서로 깊이 영향을 주고받음으로써 자신의 생각의 폭을 넓힐 수 있었다고 한다. 이들 과학자들은 모두 뚜렷한 자신만의 생각을 갖고 있었고, 때로는 그 생각들이 서로 대립각을 세우기도 했지만 이들 모두는 대화를 통해 과학에 대한 자신들의 이해의 폭을 넓힐 수 있었다. 만약 과학자들이 자기 의견만을 고집하고 자신만이 진실을 알고 있다고 주장하며 다른 사람의 의견을 진지하게 듣지 않았더라면, 이는 과학자들 개인에게도 손해였을 뿐 아니라 세상 전체에도 커다란 손실이 되었으리라.

대화는 모든 구성원들의 I.Q를 서로 더함으로써 한 사람이 할 수 있는 것보다 더 위대한 생각과 깨달음을 얻어내는 것이다.

이렇게 생각해 보자. 우리는 자신의 의견과 자기 자신을 동일시하기 때문에 스스로의 의견을 방어하기 위해 안간힘을 쓰곤 한다. 하지만 자신의 의견이 100퍼센트 옳다면 굳이 항변하고 방어할 필요가 없다. 그리고 설사 자신의 의견이 잘못되었다 하더라도 굳이 방어하기 위해 안간힘을 쓸 필요는 없다. 그렇게 논쟁하며 다투느니 차라리 다른 사람이 왜 그렇게 생각하는지 잘 듣고 이해하려고 노력하는 편이 훨씬 낫다. 이렇게 할 때 우리는 놀라울 정도로 더 많이 배울 수 있다.

우리는 한 사람 또는 여러 사람과 함께 대화할 수 있다. 나는 일전에 한 대학의 사회복지 강의시간에 이런 개념을 도입하여 사형제에 대한 대화를 나눠 본 결과 깜짝 놀랄 만한 성과를 얻을 수 있었다. 대화에 참여한 사람들의 입장은 매우 다양했지만 대화를 끝낸 후에는 모든 사람들이 한 주제에 대해 이토록 생산적이고 많은 걸 깨닫게 된 적은 처음이었다고 입을 모아 말했다. 왜냐하면 이전까지는 누구도 자신과 반대되는 의견에 진심으로 귀를 기울이며 들어본 적이 없었기 때문이다. 결국 대화에 참가한 모든 사람들은 그 주제에 대해 새로운 통찰력과 더 깊은 이해를 얻어갈 수 있었다.

대화의 기본 원칙은 다음과 같다.
- 잠시 뒤로 물러앉아 자신의 반응을 객관적으로 바라보아라. 우리는 대개 자신의 입장과 상충되는 의견을 들었을 때 불편한 기분이 들고 화가 나는 동시에 기존에 갖고 있던 자신의 생각과 자아를

보호하기 위해 무의식중에 애쓰게 된다.
- 기존에 자신이 갖고 있던 믿음과 가설 및 의견을 지키기 위해 자연스럽게 생기는 마음을 버리려고 노력해라. 그렇게 해야만 우리는 마음을 열고 새로운 사고방식과 이해심, 그리고 배움을 얻을 수 있다.
- 다른 사람의 생각을 이해하는 것을 목표로 마음을 열고, 주의 깊고 진지한 태도로 귀 기울여 들어라.
- 함께 의견을 모을 때 비로소 새로운 식견과 새로운 사고방식 그리고 높은 수준의 깨달음을 얻을 수 있다는 걸 명심해라.

친구들과 사랑하는 사람들, 함께 일하는 사람들과 대화의 의미에 대해 이야기를 나누어 보아라. 한 사람과 이야기를 나눌 때건, 여러 사람과 함께 할 때건 대화는 참으로 깊은 효력을 발휘할 것이다. 내가 만난 대부분의 사람들은 대화의 가치를 적극적으로 받아들이는 동시에 대화하는 태도를 배워 실제 생활에서 활용하기 위해 노력하고 있다.

모든 사람들이 마음을 열고 진지하게 다른 사람의 의견에 경청하며 그 사람의 생각을 진심으로 이해하려고 노력하는 세상에서 산다고 생각해 보아라. 정말 멋지지 않은가?

PART 08

사랑하는 사람들

Friends and Lovers

42

최초의 3분
Your First Three Minutes

*우리가 다른 사람에 대해 갖고 있는 마음가짐대로,
다른 사람들 역시 우리에 대해 동일한 마음가짐을 갖고 있다.*
― 앨버트 허바드

수년 전, 남편과 나는 소중한 깨달음을 얻었다. 우리가 하루를 여는 최초의 몇 분을 부드럽고 유쾌한 기분으로 시작한다면 남은 하루를 더 즐겁고 멋지게 보낼 수 있고, 우리 관계도 더 좋아진다는 깨달음이었다. 하루를 기분 좋게 시작하는 일은 남은 하루의 전반에 영향을 미친다. 가끔씩 문젯거리들로 집중포화라도 맞은 듯한 무거운 기분으로 잠에서 깰 때가 있다. 하지만 그럴 때조차도 우리는 일단 마음을 가라앉히고 평온한 기분으로 하루를 시작하는 데 초점을 맞추고, 부정적인 일은 기다렸다가 나중에 이야기하곤 한다.

우리는 하루가 저물 때도 아침과 똑같은 태도를 취했다. "오늘 얼마나 힘들고 끔찍한 일이 있었는지 몰라." 라고 말하는 대신 최초의 몇 분 동안에는 반가운 태도를 갖고 긍정적인 이야기를 하는 데 집중하는 것이다.

'최초의 3분 원칙'은 우리가 매일 만나서 시간을 보내는 친구들, 가족, 동료, 직업상 만나는 사람들, 정육점 주인이나 빵가게 주인 모두에게 동일하게 적용할 수 있다. 우리가 다른 사람들과 얼굴을 마주하는 최초의 순간이 함께 하는 나머지 시간을 결정짓는다.

우리가 직접 만나거나 전화로 이야기하는 모든 사람들에게 다음과 같이 시작해 보아라.
- 웃어라.(전화상의 목소리로도 웃음기는 전해진다.)
- 그들과 함께 이야기하게 되어 정말 기쁘다는 태도를 보여라.(세상에는 두 종류의 사람이 있다. 방으로 들어오면서 내던지는 첫마디로 "나 왔어!"라고 하는 사람과 "당신 여기 있었네!" 라고 말하는 사람이다.)
- 유쾌한 태도를 갖고,
- 주의 깊게 이야기를 잘 듣고,
- 다른 사람들이 하는 말에 순수한 관심을 갖고,
- 긍정적인 태도를 취하며,(언짢은 이야기를 꼭 해야 한다면 잠시만 뒤로 미뤄 두어라)
- 활기찬 목소리로 상황에 적절한 대화를 해라.

이 자그마한 실험을 생활에 적용해 보아라. 다음번에 친구나 연인, 가족 등을 만날 때, 앞에서 배운 대로 최초의 3분을 특별하게 만드는 데 집중해 보아라. 그리고 상대방이 어떻게 반응하는지 유심히 관찰해라. 또한 함께 보내는 시간이 어떻게 달라졌는지도 살펴보아라.

우리가 만나는 모든 사람들에게 '최초의 3분 원칙'을 적용해 보아라. 틀림없이 커다란 효과가 있을 것이다!

43
로맨스를 가꾸어라
Grow Your Romance

인생에서 가장 중요한 것은
사랑을 나누는 법과 사랑을 받아들이는 법을
배우는 것이다.
— 미치 앨봄, 〈모리와 함께한 화요일〉 중에서

사랑은 세상에서 단 하나뿐인
이성적인 행동이다.
— 작자 미상

젊은 시절의 사랑은
늙은 남편이 늙은 아내를 사랑하는 것에 비하면
매우 얕고 표면적인 사랑일 뿐이다.
— 윌 듀란트, 90번째 생일에

한 유명한 작가가 마흔 이후의 인생에 관한 신작을 냈다. 작가는 마흔 이후에는 로맨스 따위는 잊으라고 말한다. 로맨스는 관계에서 최초의 성적인 파도가 휩쓸고 지나간 후에는 점차 닳아 없어져서 결국에는 매일매일의 바쁜 일상 속에 파묻혀 사라져버린다는 것이다. "아냐, 절대! 절대 그렇지 않아!" 나는 단호하게 말한다. 더러운 기저귀와 콧물이 잔뜩 묻은 옷, 비가 와서 취소된 축구 경기, 헐레벌떡 응급실로 달려가는 상황을 겪으면서 살아남는 사랑만큼 로맨틱한 건 없다. 갖가지 연구에 따르면 아이가 태어나기 전과 아이들이 독립하여 집을 떠난 후에 결혼생활이 가장 행복한 순간을 맞는다고 한다. 아이들을 키우는 동안에는 시간과 에너지가 아이들에게 몽땅 빨려 들어가기 마련이다. 하지만 시간과 관심과 사랑을 듬뿍 쏟으며 가꾼 정원이 가장 아름답게 자라듯 로맨스 역시 그러하다.

아이들이 자라서 독립하게 되면 그제야 한시름 놓고서(때론 눈시울을 적시기도 한다.) 자신의 배우자에게 눈을 돌리게 된다. 그리고 조용한 삶의 즐거움을 새로이 발견하고 서로를 보듬고 서로의 말에 귀를 기울이며 생각과 꿈을 공유하고 웃고 즐기며 둘만의 시간을 만끽할 수 있다. 이제야 비로소 주말에 둘만 빠져나와 낭만적인 곳에서 시간을 즐기며, 감성적이고 고요하며 오붓한 분위기를 다시 만들어낼 수 있는 것이다.

"내게는 있을 수 없는 일이에요. 우리 부부는 그런 사이가 아니라구요." 라고 항변하는 사람도 있을 것이다. 비록 둘 사이의 로맨스가 이미 몽땅 증발해버린 것 같아도 두 사람이 여전히 사랑하고 서로를 아낀다면 꺼져가는 로맨스에 다시 불을 지필 수 있다. 내게 로맨스란 몸과 마음, 정신과 영혼이 만나 깊고 즐겁고 다정하게 서로를 아끼는 사랑을 뜻한다.

몇 년 전 알래스카로 가던 유람선에서 화재가 난 사건이 있었다. 이때 한 구조대원은 눈이 휘둥그래져서 이렇게 말했다.

"우리가 구조선에 태운 노부부들처럼 서로를 극진히 아끼는 부부는 단 한 번도 본 적이 없어요. 이들은 서로를 너무나 사랑하고 있었죠."

나 역시 오랜 기간을 함께 살아 온 부부들이 그 어떤 나이의 부부들 못지않게, 아니 젊은 부부들보다 훨씬 더 서로를 아끼는 모습을 많이 보아왔다.

내 친구 니나는 마흔여덟에 남편을 잃고 과부가 되었다. 그녀는 적적함을 느꼈지만 곧 일과 모임 활동, 좋은 친구들과 장성한 자식들에게서 기쁨을 찾게 되었고 자신의 인생이 충만하고 만족스럽다고 느끼게 되었다. 그녀는 자주 데이트를 했지만 결코 사랑에 빠지지는 않았다. 하지만 일흔두 살이 되던 날, 그녀는 멜을 만나 사랑에 푹 빠졌고 둘은 결혼식을 올렸다. 이들의 첫 번째 결혼기념일에 나는 전화를 걸어 축하 인사를 전했다. 그러자 니나는 내게 이렇게 고백했다.

"도티, 난 이제껏 이렇게 행복한 적도, 이렇게 사랑에 푹 빠져 본 적도 없어."

얼마 전 이들의 열두 번째 결혼기념일이 다가왔고, 나는 또다시 전화를 걸었다. 니나는 이렇게 말했다.

"우리는 함께 축하 파티를 하고 있어. 그리고 난 그이를 어느 때보다 훨씬 더 사랑하고 있어. 우리는 하루하루가 축복이며 행운이라고 생각하고 감사하며 살고 있지."

이들의 행복이 순전히 운으로만 보이는가? 나는 그렇게 생각하지 않는다. 이들이 이토록 행복한 건 사랑을 소중히 가꾸어 나가고 또 우리 모두가 대접받길 원하는 대로 상대방을 소중하게 대하기에 가능한 것이었다.

로맨스를 키워나가는 열네 가지 방법은 다음과 같다.

1. 배우자나 연인을 늘 최우선으로 해라. 일이나 취미, 친구를 우선 순위에 둘 때 사랑은 시들해지고 만다. 사라 브래스나크Sarah Breathnach는 이렇게 말했다.

    "서로에 대해 무관심한 결혼생활은 분노로 가득 차 서로를 산 채로 묻어버리는 것과 같다."

2. 상대방을 숨 막히게 하지 마라. 충만하며 풍성한 결혼생활을 위해서는 두 사람 각자가 스스로의 힘으로 자신의 역할을 다할 수 있어야 한다. 두 사람이 서로에게 딱 붙어서 걷는다면 제대로 걷지 못하고 비틀거리게 된다. 자신감 있고 온전한 두 사람이 자유롭게 나란히 함께 걸을 때 개인적으로도, 그리고 두 사람 모두에

게도 가장 멋진 결혼생활을 만들 수 있다.

3. 사랑하는 사이에서 경쟁은 전적으로 무의미하다.(놀이할 때를 제외하고) 결혼이란 두 사람이 한 팀을 이루는 것으로, 각자가 개인 플레이를 하더라도 결국 이기는 건 팀이기 때문이다. 두 사람이 가진 능력을 모아 협력하고, 서로를 격려할 때 시너지를 얻고 생생하고 활기찬 관계를 만들 수 있는 것이다. 결국 두 사람 모두 이기게 된다.

4. 웃어라! 웃음은 인생의 힘든 순간을 헤쳐나가는 동안 사랑을 지키는 가장 강력한 힘이 된다. 설사 자신이 많이 웃지 않는 사람이라고 해도 걱정할 필요는 없다. 웃는 법은 배우면 된다. 긴장을 풀고 큰 소리로 웃어라. 코미디 영화나 웃긴 TV 프로그램을 보며 한바탕 깔깔거리며 웃거나 좋아하는 만화책을 보며 키득거려라. 많이 웃다 보면 습관이 된다. 또한 웃음에는 전염성이 있다. 한 여검사가 무례하고 오만하며 잠자리 상대 이외의 모든 여성을 깔보는 변호인을 상대로 사건을 맡게 되었다. 재판이 시작되자 변호인은 거들먹거리는 태도로 그녀를 가리켜 '검사 아씨'라고 불렀다. 그녀는 이 말을 들은 순간 멈칫했지만 곧 시원한 웃음을 터뜨렸다. 그녀가 웃자 판사도 웃었고 뒤이어 배심원들도 웃었다. 다들 한바탕 웃고 나자 재판은 물 흐르듯 술술 진행되었다. 그녀처

럼 분노를 웃음으로 바꾸어 보라.

5. 사랑받고 싶다면 매력적이어야 한다. 사랑하는 사람을 위해 고운 마음을 갖고 사려 깊고 사랑스러우며 유쾌한 모습으로 자신의 가장 멋진 모습을 보여 주어라!

6. 집안일을 나누어서 해라. 진정한 남자라면 설거지도 하는 법이고, 멋진 여자라면 잔디도 깎는 법이다. 그리고 이런 관계 속에서 행복이 더 잘 자라게 된다.

7. 서로가 성장할 수 있도록 도울 때 두 사람의 관계 역시 자라게 된다. 사랑하는 사람에게 공감하고 상대를 받아들이고 배려하며 용기를 줄 때 두 사람은 성장하고 발전하게 된다. 우리가 비난과 경멸, 무관심 속에서 살 때 우리의 영혼은 시들게 되고 고통 속에서 괴로워하듯, 사랑하는 사람과의 관계에서도 역시 그렇다. 우리는 우리가 가장 사랑하는 사람에게 가장 무관심한 경우를 자주 보게 된다.

8. 잔소리는 로맨스를 짓밟아버리는 지름길이다. 잔소리는 서서히, 그러나 확실하게 사랑이라는 감정을 갉아먹는다. 잔소리를 하는 대신 자그마한 포스트 잇에 조언을 적어 두거나, 꼭 해야 할 일의

목록을 만들어서 이를 함께 하자고 제안해 보아라. 혹은 자신의 상상력을 마음껏 발휘하여 다른 대안을 생각해 보아라. 그리고 유머 감각을 잃지 마라.

9. "내가 지난번에 이렇게 말했잖아." 라고 하는 것 역시 로맨스를 망가뜨리는 태도이다.(하지만 그런 생각 자체를 안 하는 것은 너무나 힘든 일이다!)

10. 비판은 사랑을 뭉개는 짓이다. 물론 우리는 상대방의 습관 때문에 짜증을 내기 쉽다. 다행히도 내 남편 빌은 비판을 거의 하지 않는다. 하지만 나는 싸워서 뭔가를 얻고자 하는 성향이 강한 탓에 조금 비판적인 편이다. 내게 효과적이었던 방법을 하나 소개하자면 남편에게 짜증이 날 때마다 나는 스스로에게 이렇게 묻곤 했다.

"이게 과연 우리 관계와 남편의 자존심을 무너뜨릴 만큼 중요한 일일까?"

그리고 나는 다른 사람을 비판하는 일은 내 자신의 문제라는 걸 끊임없이 스스로에게 상기시켰다. 빌은 매우 멋진 사람이며 나는 그를 그 자체로 사랑한다. 그런데 내가 무슨 권리로 그를 변화시킬 수 있단 말인가? 나 역시 다른 사람이 내 그대로의 모습을 받아주고 사랑해 주기를 바라지 않는가?

11. 설사 둘 사이에 싸움이 한창이더라도 사랑하는 사람에게 고의로 상처를 주는 말은 절대 하지 마라. 상처를 주는 말은 우리 영혼에 깊이 새겨져 결코 잊히지 않는다. 그리고 시간이 지남에 따라 점점 사랑을 좀먹고 들어가 마침내는 사랑하는 감정을 파괴시키고 만다. 막대기와 돌이 우리의 뼈를 부수듯, 말은 우리의 마음을 망가뜨린다.

12. 대화하라. 서로 대화하고 잘 들어라. 상대방의 말을 잘 듣지 않는다면 결코 좋은 대화를 할 수 없다. 상대방이 말하는 의미를 정확히 이해해라. 대부분의 의견 차이는 상대의 말을 잘못 해석하거나 잘못 이해하는 데서 나온다. "당신이 하는 말이 이런 뜻인가요?"라고 질문하며 자신이 상대의 말을 정확하게 이해하고 있는지 점검해 보아라. 그리고 자신의 생각과 꿈을 공유해라. 릴리안 헬먼Lillian Hellman(미국의 극작가 - 옮긴이)은 이렇게 말했다.
    "사람들은 서로 대화를 통해 변화하고 또 잊기도 한다."

13. 사랑을 마음껏 표현해라. 막 잠에서 깬 배우자나 연인에게 침대로 커피를 가져다주어라. 푹신한 소파에 앉아 사랑하는 사람의 발을 주물러 주어라.(얼마나 자극적이고 멋진 일인지 모른다.) 틈날 때마다 서로 꼭 껴안고, 함께 거리를 걷는 동안 사랑하는 사람의 어깨에 살며시 손을 얹고 어깨 주변을 은근히 주물러 주어라. 출장을 갈

때 아내나 남편의 베개 위에 사랑스러운 쪽지를 남겨 놓아라. 그리고 마음껏 사랑해라! 오랫동안 함께 살면서도 늘 로맨스를 간직하고 있는 부부를 본 적이 있는가? 이들은 마치 첫 데이트 때처럼 서로 강렬한 사랑을 불태운다.

그리고 틈날 때마다 상대에게 "사랑해요." 라는 말을 해라. 이 말을 듣고 마음이 따뜻해지지 않는 사람이 어디 있겠는가?

14. "우리가 우리 자신과 우리의 시간 그리고 우리 생각의 일부분만을 상대방과 나눈다면 결국 사랑은 살아남지 못합니다."

메리 오하라 Mary O'Hara(미국의 작가 - 옮긴이)가 남긴 말이다. 시간을 함께 보내며 서로 대화하고 사랑하며 웃고 놀아라. 소중한 순간을 함께 나누어라. 손을 마주잡고 안개 낀 아침 산책을 나가거나 눈이 휘둥그레질 만큼 멋진 저녁 요리를 함께 만들어 보거나, 꼭 끌어안고 가장 좋아하는 음악을 들어 보아라. 달콤한 데이트 계획을 세워 보는 것도 좋다. 고풍스럽고 자그마한 바에서 촛불이 켜진 조용한 테이블에 마주 앉아 아이들이나 일, 부모님 이야기 대신 둘만의 생각이나 꿈과 인생의 목표, 계획 등을 이야기하며 다정하게 저녁 식사를 해 보아라. 그리고 주말에는 살며시 빠져 나와 낭만적인 은신처에서 둘만의 시간을 보내 보아라.

이렇게 해 보라.
- 어떻게 하면 둘 사이의 관계를 더 로맨틱하게 만들 수 있을지 시간을 갖고 생각해 보아라.
- 위에서 제시된 열네 가지 방법을 참고하여 자신만의 아이디어를 적어 보아라. 그리고 새로운 생각이 떠오를 때마다 추가해서 적을 수 있도록 빈 공간을 남겨 두어라.
- 이렇게 했을 때 사랑하는 사람의 반응이 어떤지, 그리고 둘 사이의 관계가 어떻게 변했는지도 살펴보아라.(사랑은 서로가 서로에게 영향을 미친다. 한 사람이 변하면 상대방 역시 변하게 된다, 그리고 나서…)

서로 사랑하며 행복하게 살아라!

44

혼자가 되는 걸 두려워 마라
Don't Be Afraid to Be Single

> 사람들은 자신 밖에서 행복을 찾지만
> 이는 어리석은 짓이다.
> 행복은 자기 자신 안에 있고
> 매일 매일의 사고방식 속에서 나온다.
> ─ 작자 미상

> 땅속에서 잠자고 있는
> 씨앗은 모두 빛을 기다린다.
> ─ 키얼스틴 다이엔사이

이 책을 쓰기 위해 조사를 하기 전까지 나는 혼자 사는 사람들은 인생을 덜 행복하게 살고 있으며, 이들에게 가장 중요한 목적은 인생의 짝을 만나는 것이라고 생각했다. 하지만 내가 틀렸다! 활기찬 삶을 사는 사람들과의 인터뷰를 통해, 나는 혼자 사는 사람들이 결혼한 사람들만큼이나 만족스럽고 흥미 있는 삶을 살고 있으며, 때로는 결혼한 사람들보다 훨씬 더 행복하게 살고 있다는 걸 알게 되었다.

나는 내 스스로가 오랜 결혼생활을 하며 살아왔기 때문에 내 관점을 넘어서서 보지 못한 것이다.

그리하여 나는 보다 멋진 삶을 사는 독신자들을 많이 만나고 이들과 면담을 통해 더 많은 조사를 했다. 그 결과는 정말 뜻밖이었다! 내가 이들에게 이 책을 읽게 될 독자들 중 독신이거나 곧 그렇게 될 사람들을 위해 해 주고 싶은 말이 무엇이냐고 물었을 때 모든 사람들로부터 다음과 같은 이야기를 반복해서 들을 수 있었다.

이들이 남긴 메시지는 다음과 같다.

자기 자신을 제대로 알 수 있는 기회가 생긴다. 거의 모든 독신자들이 가장 확신에 차서 한 말은 바로 이것이었다.

"독신으로 사는 가장 좋은 점은 생전 처음으로 자기 자신에 대해 알아나간다는 거지요."

서른일곱 살의 리사는 이렇게 말했다.

"우리는 점차 삶의 의미를 배우게 되지요. 때로는 힘이 들기도 하지만 배우면 배울수록 더 행복해집니다. 마침내 나는 행복은 다른 사람에게 의지하는 데서 오는 게 아니라 내 마음속에 있다는 걸 깨달았어요. 나는 내 스스로가 더 자유롭고 유능하며 강해졌다는 게 느껴져요."

그녀는 이렇게 말하고는 빙긋이 웃으며 다음과 같이 덧붙였다.

"아마 그건 나 말고는 그 누구에게도 책임을 돌릴 사람이 없기 때문일 거예요."

마흔여섯 살의 키니는 이렇게 말했다.

"우리는 더 높은 수준의 자아와 만나게 됩니다. 우리는 자신 안에 있는 힘을 찾게 되고, 더 완전해지게 됩니다. 그리고 스스로가 중심을 잃고 흔들리지 않는다면 우리는 끌어당김의 법칙에 따라 비슷한 사람들을 끌어당기게 되지요."

쉰한 살의 아이린은 이렇게 말했다.

"나는 평생 동안 부모님과 선생님, 상사, 남편, 그리고 아이들에게 헌신한다는 마음으로 살았어요. 하지만 이제는 태어나서 처음으로 스스로의 힘으로 서 있다는 느낌으로 이렇게 말하곤 하죠. '그래, 나는 여기 있어. 이게 바로 나야.' 그건 정말 멋진 기분이에요. 이전에 남편을 보조하고 아이들을 길러냈듯, 이제는 내 자신을 바로 세우는 법을 배우게 되었어요. 나는 거울을 보며 내가 가진 힘을 스스로에게 상기시키곤 해요. 그러면 하고자 하는 일을 뭐든지 해낼 수 있게 되지요."

적응할 시간을 가져라. 배우자를 잃거나 이혼한 지 얼마 되지 않았다면 이러한 변화로 인해 슬프고 절망스럽고 울적한 마음이 들 것이다. 스스로에게 인내심을 갖고 서서히 안정을 찾을 때까지 기다려라.

부부관계는 뿌리가 뒤엉킨 채 나란히 자라는 두 개의 나무와도 같다. 나무들이 더 잘 자랄 수 있도록 두 나무의 얽혀진 뿌리를 마구잡이로 떼어내어 따로 심었다고 생각해 보자. 각각의 나무들은 처음에는 병들고 시들시들하다가도 새롭고 자유로운 환경에 서서히 적응해 가고, 마침내는 이전보다 더 튼튼하게 자라곤 한다.

이제껏 스스로를 떼어낼 수 없는 한 쌍의 일부라고 생각하며 살다가, 스스로 중심을 잡고 굳세며 독립적인 한 사람으로 새롭게 거듭나는 데는 시간과 노력이 필요하다. 쉰여섯 살인 로라는 이렇게 고백했다.

"남편이 죽은 후 마음을 치유하기까지는 꼬박 2년이 걸렸죠. 나는 카운슬러를 찾아 도움을 구하기도 하고 마음을 다스릴 수 있게 해주는 좋은 책들도 읽었어요. 하지만 이런 어려운 과정을 통해서 더 성장할 수 있었지요. 나는 지금 그 어느 때보다 강하고 행복하다고 느낍니다."

8년 전에 이혼을 한 쉰네 살의 테드는 이렇게 말했다.

"우리는 좌절해서 스스로를 비참하게 만들 수도 있고 또 행복해지기로 마음먹을 수도 있어요. 그건 전적으로 자신에게 달려 있죠. 모든 게 자신의 책임이에요. 우리는 자신의 태도에 따라 현실을 바꿀 수 있습니다. '우리가 할 수 있다고 생각하면 우리는 할 수 있다. 그리고 할 수 없다고 생각하면 할 수 없다.' 라고 헨리 포드가 말했듯이 말이죠."

사랑하는 사람들 229

용서하라. 과거의 상처를 잊고 용서하지 않는다면 마음을 치유할 수 없다. 부정적인 생각 속에서 사는 것은 자신이 가진 힘을 서서히 말려 죽이는 것과 같다. 용서하지 못할 때 우리는 과거의 그림자 속에서 스스로 일어서지 못할 뿐만 아니라 자신의 날개를 짓눌러 새로운 삶을 향해 높이 날아오를 수도 없게 된다.

우정을 가꾸어라. 키니는 이렇게 말했다.
"처음에 난 이렇게 생각했죠. '이것 참 재미있는 걸. 이제야 내가 원하는 걸 맘껏 할 수 있으니 말야.' 처음 혼자가 되었을 때는 외로움을 느끼지만 우리는 곧 우리에겐 친구가 있다는 걸 깨닫게 되죠. 물론 지금도 가끔씩 외로움이 밀려오긴 하지만, 이건 잘못된 결혼을 했을 때 느끼는 외로움과는 비할 데가 못 되지요."

테드는 내게 한 수도승의 이야기를 들려주었다. 이 수도승은 깨달음을 얻기 위해 40년 동안 동굴 속에서만 머무르며 수행을 닦다가 마침내 깨달음을 얻었다고 느끼고 세상으로 나왔다. 그때 한 어린아이가 실수로 이 수도승과 부딪치고 말았다. 그러자 수도승은 아이에게 불같이 화를 냈다. 이 수도승은 진정한 깨달음이란 다른 사람들과 서로 좋은 관계를 맺고 서로를 이해하는 데 있다는 걸 깨닫지 못한 것이다.

헨리 소로우 Henry Thoreau 가 "새장 속의 새는 노래하지 않는다." 라고 말했듯이 온전한 삶을 살기 위해서는 우정을 쌓는 것이 중요하다.

쉰세 살의 달린은 이렇게 충고했다.

"다른 이들에게 늘 친절하세요. 그리고 솔직한 태도로 자신에 대해 이야기하세요. 그리고 남녀 모두와 우정을 쌓으세요. 우리는 양쪽 모두의 시선으로 세상을 볼 줄 알아야 하니까요."

무엇보다도 친구를 사귀기 위해서는 스스로가 좋은 친구가 되어야 한다는 걸 명심해라.(45장을 참고하라.)

"데이트 상대를 앞으로의 연인이나 영혼의 짝으로 한정짓지 말고 새로운 친구를 만드는 과정이라고 생각해 보세요. 멋진 친구들은 인생을 더 가치 있게 만들어 주니까요." 베시는 이렇게 말했다. "물론 둘 사이에 로맨스가 있다면 더 좋겠지만 말이에요. 강한 우정이야말로 멋진 결혼의 밑바탕이 되는 거니까요."

"당신이 독신이 된다 하더라도 결혼한 친구들이 당신을 내치지는 않을 거예요. 물론 당신이 자신들의 남편들과 놀아나지만 않고 앞으로도 안 그럴 거라는 게 확실하기만 하면 말이죠!"

시릴이 한 말이다.

리사 역시 이렇게 덧붙였다.

"친구의 남편과 놀아나는 짓을 한다면 잠시 동안 들뜨고 으스대는 기분은 들겠지만 결국은 평생의 친구를 잃게 될 뿐이죠."

참여하라. 주위 사람들과 활발하게 교류한다면 외로울 틈이 없다. 좋아하는 활동에 열정을 쏟아 부어라. 뜻이 맞는 사람들을 만날 수 있는 곳에 참여해라. 애니는 살고 있는 지역의 작은 극장과 관련을 맺고 그곳에서 마음이 맞는 친구들과 의기투합하여 큰 모임을 만들었다. 그 외에도 책쓰기 모임, 투자 모임, 자원봉사, 피트니스 클럽 등에 참여하여 흥미 있는 사람들을 만날 수 있었다.

"경험은 곧 기회죠. 우리는 지금 이 순간에 충실하고 전념하며 인생을 살아야 해요. 많은 걸 보고, 듣고, 느끼고, 향기를 맡고, 맛보며 말이죠."

리사는 이렇게 말했다.

"마음을 열어야 해요. 새로운 곳에 가거나 새로운 모임에 참여하는 게 두렵더라도 처음엔 누구나 다 그렇다는 걸 알아야 해요. 그러다 보면 점차 두려움을 극복하게 되고 새로운 모험을 기다리게 되죠."

영적인 수호자을 찾아라. 독신이지만 활기찬 남녀들은 대부분 누군가가 자신을 지켜보며 사랑하고 인내하며 지지해 준다고 믿고 있었다. 이들은 종교적, 철학적으로 '신' 또는 영적인 수호자, 혹은 수호천사라고 부르는 존재에게 의지하고 있었다.

"수호천사들은 우리가 찾지 않는다면 결코 우리 인생에 나타나지 않죠. 하지만 우리가 보이지 않는 도움의 손길을 깨닫게 되면, 우리는 절대 외롭지 않죠. 이들은 우리에게 위안을 주지요."

자유를 만끽하라. 인터뷰에 참여한 사람들은 모두가 새로 찾은 자유를 만끽하길 원했다. 아이린의 말을 빌면 그 요지는 이렇다.

"상대 남자가 너무 진지해지면 난 그 사람에게 흥미를 잃게 돼요. 과부로 지내는 친구 중 몇몇은 스스로가 독신의 자유를 지나치게 즐기고 있는 게 아닐까 하는 생각에 죄책감을 느끼기도 해요. 나는 언젠가 영혼의 짝을 만나길 원하지만 그때까지 내 인생의 즐거움을 유보한 채 살고 싶진 않아요."

대부분이 독신들이 이 말에 고개를 끄덕일 것이다.

혼자인 것을 즐겨라. 로라는 자신의 일과 개인적 취미 생활을 즐기며 보내는 시간을 사랑한다. 그녀는 이렇게 고백했다.

"내가 기혼이라면 이 모든 일을 해 보지 못했을 거예요. 그래서 난 내가 혼자라는 사실이 정말 좋아요! 난 아주 활발하고 외향적인 편이지만 혼자만의 시간도 소중하게 생각하죠. 말하긴 좀 쑥스럽지만 난 다른 사람이 내 집에 찾아올 때는 좀 불쾌하기도 해요."

결혼한 사람들은 이 대목에서 귀를 기울여 볼 필요가 있다. 왜냐하면 거의 모든 독신자들이 자신만의 시간을 사랑한다고 입을 모아 말하고 있기 때문이다. 기혼자들은 자신의 남편, 또는 부인에게 개인적인 공간과 개인적인 시간을 충분히 갖도록 해 주고 있을까?

행복은 자신 안에 있다. 우리는 독신자 역시 기혼자와 마찬가지로 행복할 수 있다는 사실을 알았다. 요지는 행복이란 마음가짐에 달렸다는 것이다. 즉 행복은 내면으로부터 나오며 거저 얻을 수 있는 것이 아니다. 혼자서도 완전하며 행복해질 수 있다고 마음먹고 행복에 도달하기까지 필요한 단계를 차근차근 밟아나갈 때에야 비로소 행복해질 수 있다. 꽃을 피우기 위해서는 위험을 감수해야 한다.

다음과 같이 적어 보아라.
- 인생에서 자신이 감사하게 여기는 모든 요소들을 브레인스토밍하며 적어 보아라.
- 그 다음, 앞에서 적은 것 이외에 자신의 인생에 꼭 포함되었으면 하고 바라는 것들을 적어 보아라.
- 자신의 인생에 포함되었으면 하는 것들을 얻기 위해 할 수 있는 모든 방법들을 적어보아라. 창의력을 마음껏 발휘해서 생각해 보아라.

앞에서 쓴 내용을 지금 바로 시작해 보아라. 그리고 그 과정을 진심으로 즐겨라!

45
진정한 친구는 우리에게 힘을 준다
Real Friends Fluff Your Aura

> 좋은 친구 관계는 깨어지기 쉬운 것이니
> 귀중한 도자기처럼 소중히 다루어야 한다.
> ─랜돌프 본

청렴과 성공의 상징으로 기억되고 있는 고故 조슈아 그린은 수십 년간 시애틀의 경제와 사회를 떠받치는 기둥으로 우뚝 서 있다. 성공에 대한 그의 원칙은 이러했다.

"의지가 강하고 선량한 사람들을 친구나 동료로 삼아라."

나는 내 인생에서 이만큼 가치 있는 조언은 없다고 생각한다.

힌두의 속담 중에 이런 말이 있다.

"우리는 자신이 좋아하는 무리들과 비슷해진다."

우리는 시간을 함께 보내는 사람들에게 큰 영향을 받기 때문에 친구나 동료들을 주의해서 선택해야 할 필요가 있다. 워렌 버핏 역시 이렇게 말했다.

"나는 내가 좋아하지 않거나 존경할 수 없는 사람들과는 어울리지 않습니다. 어떤 사람을 만나느냐는 결혼만큼이나 중대한 문제니까요."

우리가 인생을 살아갈수록 친구는 더 소중하고 중요한 존재가 된다. 왜냐하면 진실하고 강한 우정을 쌓는 사람들이 더 오래 살고, 더 행복하며, 더 활기찬 인생을 살기 때문이다.

하지만 진실한 우정은 거저 얻어지는 것이 아니다. 좋은 친구를 얻기 위해서는 우리 스스로가 좋은 친구가 되어야 한다. 나는 대학원 시절, 함께 있는 것이 너무나 즐거운 친구 한 명이 있었다. 그녀는 성격이 밝고 재치도 있고 또 재미있었다. 하지만 이토록 긍정적인 태도를 가졌음에도 불구하고 그녀는 너무나 자기중심적이었고 남을 배려할 줄 몰랐다. 한 번은 우리가 연극을 보러 가기 위해 극장에서 만나기로 한 적이 있었다. 하지만 그 친구는 약속 장소에 나타나지 않았다. 내가 전화하자 그녀는 마음이 바뀌어서 연극을 보러 가지 않기로 했다고 말했다. 하지만 그녀는 그 사실을 내게 알려 주지 않은 것이다. 이와 비슷한 일이 되풀이되어 일어나자 마침내 나는 이 친구와 연을 끊어야 할 때가 왔다고 생각했다. 나는 지금도 그 일을 생각하면 섭섭한 마음이 든다.

이 친구처럼 우리 주변에는 때로는 해가 되는 친구라고 느껴지는 사람들이 있다. 그때는 그 친구와 만남을 지속하는 것이 과연 현명한 일인지 저울질해 볼 필요가 있다. 마음속으로 천칭 저울을 하나 그린 후 한쪽에는 그 친구와의 관계에서 긍정적인 면을, 반대쪽에는 부정적인 면을 올려놓고 양쪽을 저울질 해 보아라. 저울이 긍정적인 쪽으로 기울어진다면 그 친구와의 우정을 계속해서 소중히 지켜 나가라. 하지만 부정적인 쪽으로 기울어진다면 그 친구와의 관계를 재고해 볼 필요가 있다. 그 친구가 인정이 없고, 다른 사람의 흠을 잘 잡고, 진실하지 못하거나, 자신에게 부정적인 영향을 미친다면 그 관계를 그만둘 때가 온 것이다.

혹은 그 친구와 일정부분 거리를 두고 떨어져서 관계를 유지해라. 모든 사람과 절친한 친구가 될 수는 없다.

친구에 대해 판단 기준이 될 만한 방법이 하나 더 있다. 그것은 바로 자신의 친구가 발코니 타입인지 지하실 타입인지 자문해 보는 것이다. 발코니 타입의 친구는 발코니에 서서 우리를 끊임없이 칭찬하고 응원해 주는 친구이다. 이런 친구는 우리가 최선을 다할 수 있도록 우리를 격려하고 우리 스스로가 좋은 사람이라고 느끼게 해 주며 또 성장할 수 있게 해 준다. 이런 친구들은 우리의 좋은 점을 발견하고 우리가 목표를 이룰 수 있도록 도와주는 동시에 우리의 생각을 끊임없이 자극해 준다. 또한 우리를 내적, 외적으로 미소 짓게 하고 우리를 늘 환하게 웃게 만든다. 이들은 인생에 즐거움과 아름다움과 풍요로움을 더해 주고 우리 내면을 더 깊이 있게 해 준다.

반면 지하실 타입의 친구들은 지하실에 웅크리고 앉아서 우리를 자신들이 있는 곳으로 끌어내리려고 하는 사람들이다. 이런 친구들은 우리의 영혼을 서서히 좀먹는다.

우리는 자신이 사랑하는 사람들에게 발코니 타입의 친구인지 지하실 타입의 친구인지 곰곰이 생각해 볼 필요가 있다.

하지만 기억해라.
- 우리는 자신과 다른 사람들이 주변에 많이 있을 때 성장할 수 있다. 자신과 똑같이 생각하고 똑같이 행동하는 사람들 속에 둘러싸여 있다면 우리는 곧 단조로워지고 침체되어 간다. 친구들의 독특하며 개성적인 면을 존중하고 아껴 주어라.
- 누구에게나 단점은 있는 법이다. 우리가 완벽한 친구만을 사귀고자 한다면 결국 친구가 단 한 사람도 남지 않을 것이다.

의견 차이나 오해로, 또는 의도치 않은 소홀함 때문에 소중한 친구와의 관계가 서서히 무뎌지고 있다면 이 관계를 바로잡기 위해 최선을 다해 노력해라.

하지만 더 이상 관계를 가꾸어 나가길 원치 않는 친구에게는 시간과 정신을 쏟지 마라. 그런 친구는 놓아 주어라. 그 대신 사려와 관심, 웃음, 시간, 그리고 감사와 공감을 소중한 친구와의 관계를 가꾸는 데 써라.

진정한 친구는 서로의 기운을 북돋아 준다.

PART 09

마지막으로…

And
finally
…

46
나는 성장하고 있는가?
How Do You Know If You're Growing?

> 가장 높은 산을 오르는 단 한 가지 방법은
> 한 번에 한 걸음씩 올라가는 것이다.
> ─작자 미상

이 책의 첫 번째 장에 등장한 헝클어진 머리의 케이티를 기억하는가? 나이 먹는 게 두렵다며 내게 고백했고, 덕분에 내가 이 책을 쓰게 된 계기를 만들어 준 친구 말이다. 내가 책을 쓰는 동안에도 나와 케이트는 늘 함께 걸으며 책에 대해 이야기를 주고받으며 책의 형체를 갖추어나갔다.

그러는 동안 나이에 대한 그녀의 태도가 서서히 변해가는 것이 느껴졌다. 또한 실제로 케이티는 변했다. 어느 날 그녀는 내게 이렇게 말했다.

"예전에 나는 꽉 닫혀 있는 코르크 마개처럼 느껴졌어. 하지만 마침내 나는 뻥 소리를 내며 밖으로 튀어나왔고, 이젠 세상이 완전히 달라 보여. 이전에는 내 인생의 장애물이라고 생각했던 것이 이제는 기회로 보여."

"네 책의 앞장을 넘겨서 맨 첫 장을 다시 읽어 보았을 때 난 처음으로 내가 성장하고 있다는 걸 깨달았어. 난 이제야 엘리엇이 했던 말을 이해할 수 있을 것 같아."

> 우리는 탐험을 멈추지 않으리라.
> 그리고 우리의 탐험의 끝은
> 결국 우리가 출발한 곳이 되리니.
> 그리고 그때에야 비로소
> 우리는 그곳에 대해 제대로 알게 될 것이다.

이혼의 아픔을 겪던 중에 이 책의 초고를 읽은 베시는 이렇게 말했다.

"나는 지금 힘든 상황을 겪으면서 이따금씩 뒷걸음질치는 기분이 들기도 해. 그럴 때면 나는 아픔과 슬픔을 잊고, 의미 있는 관심사들과 새로운 생각들로 빈자리를 채워 나가며 다시 앞으로 나가기 위해 노력하지. 이 과정을 통해 나는 조금씩 성장하고 있다는 걸 알 수 있어."

우리가 성장하고자 할 때, 우리는 일직선처럼 늘 앞으로 나아가지는 않는다. 위아래를 왔다갔다하고, 주위를 빙글빙글 돌기도 하는 요요처럼 상향궤도를 그리며 서서히 위로 올라간다. 베시의 경우처럼 인생에 위기가 닥쳤을 때 뒤로 밀려가기도 한다. 하지만 우리는 반드시 길을 다시 찾을 수 있고, 대개는 이런 과정을 통해서 전보다 더 활기차고 강해진다. 그러므로 우리가 인생에서 마주치는 어려움은 우리가 성장할 수 있도록 하는 자극제와도 같다. 고통이 없으면 얻을 수도 없는 법이다.

꼭 기억해 두어야 할 점은 우리는 모두 고유하고 독창적인 존재라는 사실이다. 그러므로 우리는 다른 누구에게 속한 길이 아니라, 자신만의 길을 찾아서 그 길을 가야 한다.

론 역시 자신이 성장하고 있다고 느끼고 있다. 론은 이전에는 일터로 갈 때마다 자동차로 꽉 막힌 고속도로에서 다른 차량이 끼어들거나 부주의하게 운전할 때면 격하게 반응하곤 했다. 덕분에 그가 직장에 도착할 때쯤에는 늘 화가 나고 지쳐 있었다. 하지만 마침내 론은 상황을 받아들이는 태도를 바꾸어 출퇴근 시간을 유쾌한 여유 시간이라고 생각하기로 결심했다. 그 결과 그는 지옥 같은 출퇴근 시간에도 느긋하게 음악을 들으며 교통의 흐름을 따라 한 길로 운전하게 되었다. 간혹 다른 운전자들이 험하게 운전하더라도 그는 화내지 않고 이렇게 생각했다.

"이건 저 사람의 문제지, 내 문제가 아니야."

내 책을 구석구석까지 읽은 빌은 자신이 맡은 프로젝트가 번거롭게 꼬였을 때도 불같이 화를 내지 않게 되었다고 말하며 자신이 성장한 것 같다고 했다.

"난 이제 그런 상황에 닥쳐도 유연하게 받아들이게 되었어. 어차피 다른 방법이 없다면 그 상황에서 내가 할 수 있는 일을 하고 흐름에 맡기는 거지. 화를 내지 않고서 말이야. 그리고 공감의 힘 역시 이제는 더 잘 이해할 수 있게 되었어."

우리가 성장하고 있다는 것을 확인하는 방법은 다음과 같다.

- 인생의 목적과 깊은 의미를 깨닫고 우리가 존재하는 이유가 무엇인지 알게 되었다고 느낀다.
- 우리 자신이 누구인지 깨닫고, 우리 스스로는 모두 고유한 존재이며 자기 자신의 방식대로 사는 것이 바른 길이라는 걸 알 수 있다.
- 자신의 방식대로 사는 것이 옳기 때문에 남들과 경쟁할 필요가 없다는 걸 깨닫게 된다.
- 영혼의 관대함을 갖고 자신이나 다른 사람을 더 잘 용서하고 잘못을 잊게 된다.
- 자기 중심적인 삶에서 벗어나 우리 주변의 사람들과 더 깊은 관계를 맺게 되고, 자기 자신이 더 좋은 사람이 된 것 같이 느껴진다.
- 삶과 사람들을 더 깊이 이해함으로써 스스로가 더 현명해졌다고 느낀다. 무엇보다도 사람들과 세상일이 서로 어떻게 영향을 주는지 그 사이의 관계와 상호작용을 볼 줄 알게 된다.

- 더 양성적이게 된다. 이 말은 우리 안에 있는 남자다운 면과 여자다운 면을 관습에 얽매이지 않고 편안하게 드러내어 균형을 맞추게 된다는 뜻이다. 예를 들어, 남성들은 시를 쓰거나 요리를 배우는 일을 거부감 없이 받아들이게 되고, 여성들은 가구조립이나 제물낚시를 배우기 시작할 수도 있다.
- 꿈을 놓쳐버리느니, 실패나 창피를 무릅쓰고서라도 시도해 볼 기회를 갖기를 원하게 된다.
- 내면에서 경고음이 느껴질 때, 이 소리에 귀를 막기보다는 무엇이 잘못되었는지 한번 더 생각해 본 다음에 행동하게 된다.
- 스스로가 적극적으로 인생에 관여하여 인생을 만들어 나가고 있다는 생각이 들고, 그렇게 할 때 모든 일이 더 잘된다는 사실을 깨닫는다.
- 육체적으로 더 날씬해질 뿐만 아니라 더 생기 있고 활기차게 인생을 즐기게 된다. 또한 마음의 평화를 느낄 수 있게 된다.
- 우리는 모두 불완전한 인간이며 모두 나름대로 최선을 다하고 있다는 사실을 깨달음으로써 사람들에게 더 너그러워진다. 사람들이 서로 다르다는 것은 축복이다!
- 즐거움으로 넘쳐 흘러 시간이 멈춘 듯한 멋진 경험을 하는 소중한 시간들을 더 많이 갖게 된다.

어떤 내용에 가장 공감할 수 있는가? 어떨 때 스스로가 가장 멋진 사람이 된 것 같이 느껴지는가?

자신의 생각을 적어 보아라.

1. 잠시 동안 가만히 앉아 어떤 부분에서 자신이 성장했는지 생각해 보아라. 그런 후에 그 내용을 적고 날짜를 기록해라.

2. 그런 다음 이 책에 나온 내용을 더듬어 보며 자신이 앞으로 성장하고 싶은 부분을 적어 보아라. 개인적인 성장은 목적이 아니라 평생 동안 달려가야 할 여정임을 명심해라.

3. 리스트 작성을 다 끝냈다면 6개월마다 이 내용을 다시 읽어 보고 내용을 덧붙여라. 그리고 새로운 깨달음과 목표를 기록하고 날짜를 기입해라.

4. 시간이 지난 후에 이 책을 다시 한 번 뒤적거리며 자신에게 새로운 의미를 던지는 내용이 있는지 찾아 보아라.

이 책을 쓰면서 나는 독자들과 진심으로 연결되어 있다는 느낌을 받았다. 나는 독자들에게 깊은 관심을 갖고 있기에 이 책에 나온 내용을 자신의 삶에 어떻게 적용하고 있는지 꼭 내게 알려 주길 바란다!

그럼 이제, 여러분의 인생의 여정을 마음껏 즐기길 바란다!